2e SECONDAIRE

S'entrainer
au CE1D en sciences

LAURENCE CUCHE ET ANNE DELSAUT

éditions érasme

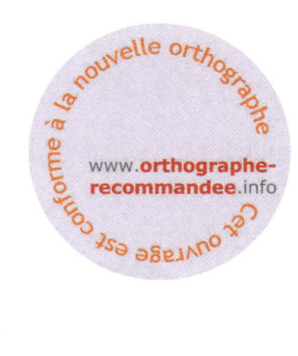

S'entrainer au CE1D en Sciences

© Éditions Érasme, 2018
Éditions Averbode | Érasme SA - Place Baudouin Ier, 2 B-5004 Namur

Auteures : Laurence Cuche et Anne Delsaut
Éditrice : Anne Scieur
Suivi éditorial : Céline Ruyssen et Mélanie Cornez
Maquette : Catherine Bourgeois
Mise en pages : Bruno Kattus
Couverture : Karin Weyland
Photographies : Shutterstock (sauf mention contraire), merci à Chloé Delporte pour la photo de la p. 69.

www.editionserasme.be/sentrainer_secondaire
www.editionserasme.be

978-2-87438-991-7
D/2018/0132/30
ES5887/022021

Note de l'éditeur : malgré nos recherches, nous n'avons pas pu joindre tous les ayants droit des textes et illustrations reproduits dans cet ouvrage. Qu'ils trouvent ici invitation à nous contacter.

Le présent ouvrage est protégé par le droit d'auteur.
Le Code de Droit Économique [livre XI – articles 191/1 et 191/2], complété par la loi du 22/12/2016, autorise la copie d'œuvres protégées dans un but d'illustration de l'enseignement à condition qu'elle ne porte pas préjudice à l'exploitation normale de l'œuvre et qu'une redevance soit payée à Reprobel (www.reprobel.be).
Toute reproduction en dehors de ces dispositions, de quelque nature qu'elle soit, est soumise à l'autorisation préalable de l'éditeur.
Toutes les copies causent un préjudice aux auteurs et aux éditeurs.
Copier un livre n'est pas un acte anodin.

Pour toute information au sujet du droit d'auteur, contactez la société de gestion des éditeurs Copiebel (www.copiebel.be) ou la société de gestion des auteurs Assucopie (www.assucopie.be).

Sommaire

Mot des auteures — 6

Quelques conseils pour l'épreuve — 6

Recueil des verbes fréquemment utilisés dans les consignes — 7

Fiches outils et rappels

Fiche 1 – Construire un graphique — 8

Fiche 2 – Réaliser un schéma — 9

Fiche 3 – Mémoriser quelques formules — 10

Fiche 4 – Transformer des unités — 11

Fiche 5 – Réaliser un classement dichotomique — 12

Fiche 6 – Rédiger un rapport de laboratoire — 13

PARTIE 1 – EXERCICES

Exercices guidés — 15

THÈME 1 – Êtres vivants — 16

QUESTION 1. Construction d'un graphique — 16

QUESTION 2. Analyse d'un graphique — 18

QUESTION 3. Classement par clé dichotomique — 20

QUESTION 4. Classement par tableau à double entrée — 22

QUESTION 5. Construction d'un réseau trophique — 24

QUESTION 6. Construction de cycles de vie — 29

THÈME 2 – Énergie — 31

QUESTION 7. Construction de chaines énergétiques — 31

QUESTION 8. Modélisation — 32

QUESTION 9. Relation entre 2 variables — 34

THÈME 3 – Air, eau et sol — 35

QUESTION 10. Modélisation moléculaire — 35

THÈME 4 – Matière — 37

- QUESTION 11. Modélisation moléculaire — 37
- QUESTION 12. Analyse d'une expérience — 38

Exercices en autonomie — 41

THÈME 1 – Êtres vivants — 42

- QUESTION 1. Chaine alimentaire — 42
- QUESTION 2. Classement d'animaux — 44
- QUESTION 3. Croissance du cresson — 47
- QUESTION 4. Respiration des animaux — 49
- QUESTION 5. Respiration des végétaux — 52
- QUESTION 6. Respiration humaine — 55
- QUESTION 7. Infarctus du myocarde — 56
- QUESTION 8. Allaitement maternel — 58
- QUESTION 9. Appareils reproducteurs féminin et masculin — 60
- QUESTION 10. Reproduction humaine — 62

THÈME 2 – Énergie — 64

- QUESTION 11. Plumage des oiseaux — 64
- QUESTION 12. Guirlande lumineuse — 66
- QUESTION 13. Circuit électrique — 67
- QUESTION 14. Course à pied — 68
- QUESTION 15. Poids — 69

THÈME 3 – Air, eau et sol — 70

- QUESTION 16. Eau de mer et eau douce — 70
- QUESTION 17. Coussin gonflable — 71
- QUESTION 18. Pression atmosphérique — 72
- QUESTION 19. Glaçon dans l'eau — 73

THÈME 4 – Matière — 74

- QUESTION 20. Changement d'état — 74

PARTIE 2 – EXPÉRIMENTATION

Expériences guidées — 77

EXPÉRIENCE 1. Les céréales métalliques — 78

EXPÉRIENCE 2. La fontaine — 79

EXPÉRIENCE 3. La canette écrasée — 80

Expériences en autonomie — 83

EXPÉRIENCE 4. Le ballon renversé — 84

EXPÉRIENCE 5. La lanterne volante — 85

EXPÉRIENCE 6. La bouteille de verre coupée en deux — 86

Corrigé — 89

MOT DES AUTEURES

S'entrainer au CE1D en sciences va t'aider à préparer l'examen externe en sciences afin de réussir ton Certificat d'Études du 1er Degré (CE1D). Cet examen, qui ne sera pas rédigé par ton professeur, est commun à toutes les écoles et suit des règles précises. Il faut t'y préparer en toute sérénité !

Dans l'épreuve du CE1D, les verbes importants sont écrits en lettres capitales dans l'énoncé. Ce sera aussi le cas dans notre cahier afin que tu puisses identifier ce que tu dois réaliser. Les principaux verbes utilisés dans les consignes sont explicités à la page 7.

Dans ce cahier, tu aborderas l'ensemble des thèmes de 1re et de 2e année à travers des exercices mêlant les différents thèmes de physique et de biologie, comme dans l'épreuve réelle. Réalise les exercices dans l'ordre que nous te proposons, car ils sont classés par méthode d'apprentissage et par degré de difficulté. Pour la première série d'exercices, nous te guiderons dans ton raisonnement pour te rendre autonome par la suite. Les conseils donnés sont évidemment transférables à d'autres exercices.

Comme dans l'examen, tu retrouveras deux grandes parties dans ce cahier. La première partie regroupe des exercices guidés et en autonomie. La seconde est basée sur des expériences que tu retrouveras en vidéo sur le site **www.editionserasme.be/sentrainer_secondaire**.

Pour t'aider, nous mettons à ta disposition en début de cahier quelques « Fiches outils ».

À la fin de ce cahier, un corrigé détachable avec des explications te permettra de vérifier tes réponses et de t'évaluer. Si ta réponse est correcte, tu peux passer à l'exercice suivant plus difficile. Si tu n'as pas réussi, recherche les causes : la matière n'est pas suffisamment connue et tu dois alors la réétudier ; le savoir-faire n'est pas maitrisé et tu dois recommencer l'exercice en t'aidant de la fiche-outil correspondante.

Quelques conseils pour l'épreuve :

- Étudie la matière avant de commencer à répondre aux questions.
- Aie toujours ton matériel en bon état près de toi : une latte graduée, un crayon noir, des crayons de couleur, une gomme, une calculatrice et éventuellement une équerre.
- Lis attentivement chaque énoncé en essayant de faire le lien avec une matière en particulier.
- Relis calmement ta réponse avant de passer à la suivante afin de vérifier si tu as bien répondu à toute la question.
- Rédige proprement et clairement tes réponses en utilisant des termes précis, une feuille de brouillon peut t'y aider.
- Gère bien ton temps : si tu es bloqué(-e) par une question, passe à la suivante en n'oubliant pas de la mettre en évidence afin d'y revenir par la suite.
- Ne te laisse pas distraire, car tu disposes de 100 minutes pour la première partie de l'examen (12 à 14 questions), ensuite tu auras une pause avant de répondre à la deuxième partie de l'examen (2 questions liées à une démarche expérimentale) qui durera 50 minutes.

RECUEIL DES VERBES FRÉQUEMMENT UTILISÉS DANS LES CONSIGNES DES ÉPREUVES DU CE1D EN SCIENCES :

CONSTRUIRE (ou RÉALISER, TRACER)
- un réseau trophique : tu dois relier les noms ou images des vivants par une flèche qui signifie « est mangé par » ;
- un graphique : tu dois construire un graphique traduisant la situation en respectant les consignes de la partie « Fiches outils et rappels » : *Construire un graphique* (p. 8) ;
- un tableau à double entrée : tu dois construire un tableau qui met en relation les données d'une ligne avec celles d'une ou plusieurs colonnes afin de comparer des éléments.

DÉCRIRE la réaction, les différentes étapes… : tu dois noter tes observations en quelques phrases sans expliquer les causes (ne jamais utiliser les mots « car », « parce que »…).

DÉTERMINER (ou IDENTIFIER) : tu dois donner une information trouvée dans un document.

ÉCRIRE
- une chaine alimentaire ou chaine trophique ;
- une information à l'aide d'une phrase reliant deux variables.

ÉMETTRE une hypothèse : tu dois respecter les consignes de la partie « Fiches outils et rappels » : *Rédiger un rapport de laboratoire* (p. 13).

INDIQUER (ou PRÉCISER, DONNER, NOMMER, CITER, NOTER, COMPLÉTER)
- le nom : tu ne dois noter qu'un seul mot ;
- la variable : tu dois identifier le facteur, le paramètre qui varie ;
- le titre : tu dois veiller à être précis(-e) en repérant bien les variables qui sont mises en évidence dans le texte, le document, le graphique…

JUSTIFIER (ou INTERPRÉTER, EXPLIQUER) : tu dois expliquer ton choix, pourquoi tel phénomène a eu lieu… en utilisant des termes scientifiques précis (tu dois utiliser « car », « parce que »…).

MODÉLISER : tu dois choisir un modèle (un carré, un cercle…) qui te permettra de représenter ce que l'on ne voit pas et de rendre compte de tes observations : une molécule modélisée par une forme géométrique simple, une force modélisée par un vecteur…

PROPOSER un mode opératoire : tu dois noter les étapes de l'expérience que tu imagines pour confirmer ou non une hypothèse. Respecte un ordre logique, veille à ne permettre la variation que d'une seule variable (paramètre) à la fois.

RÉDIGER un rapport de laboratoire : tu dois écrire un rapport en respectant les étapes décrites dans la partie « Fiches outils et rappels » : *Rédiger un rapport de laboratoire* (p. 13).

SCHÉMATISER : tu dois faire une représentation simplifiée des éléments intervenants dans la situation ou à un moment spécifique de l'expérience et le légender. Veille à respecter les différents points de la partie « Fiches outils et rappels » : *Réaliser un schéma* (p. 9).

TRIER ou **CLASSER** : tu dois comparer pour identifier les différences et les ressemblances entre les vivants, les situations… afin de les regrouper dans un tableau, un organigramme… en respectant les consignes de la partie « Fiches outils et rappels » : *Réaliser un classement dichotomique* (p. 12).

Fiches outils et rappels

1. Construire un graphique

Veille à respecter les différents points suivants lors de la réalisation de ton graphique.

TITRE	• Présence du titre • Présence des deux variables • Lien logique entre les deux variables
AXES	• Position des axes en lien avec le titre • Axes fléchés • Intersection des axes au point zéro • Légende des axes (grandeur + unité)
ÉCHELLES	• Présence d'une échelle par axe • Respect des règles d'écriture (1 cm ⟶ ....) • Échelle respectant l'espace disponible
GRADUATIONS	• Graduations en fonction des échelles choisies • Placement des points corrects • Points reliés

Tous ces points seront surement vérifiés lors de l'évaluation par un professeur.

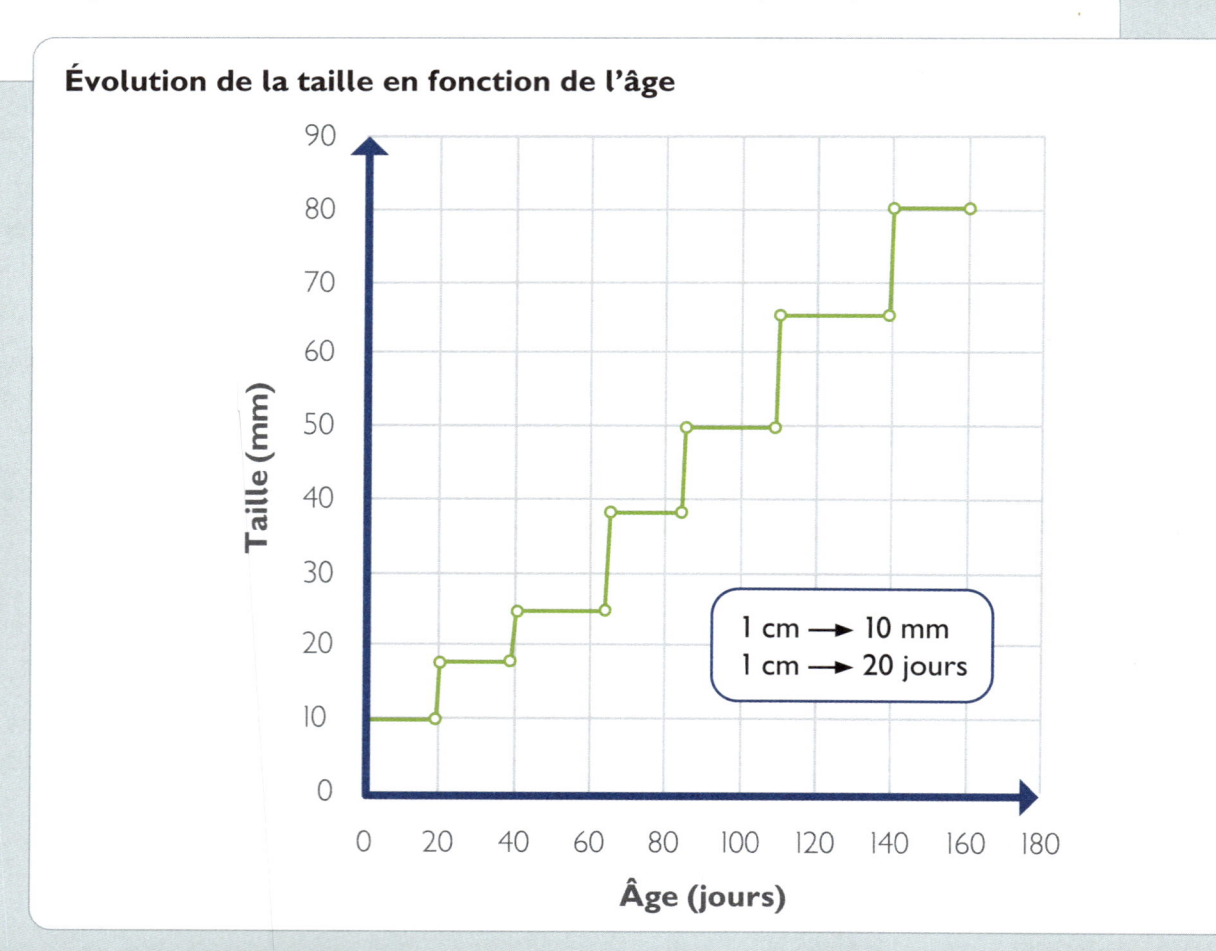

Évolution de la taille en fonction de l'âge

1 cm ⟶ 10 mm
1 cm ⟶ 20 jours

Taille (mm) / Âge (jours)

Fiches outils et rappels

2. Réaliser un schéma

Veille à respecter les différents points suivants lors de la réalisation de ton schéma.

SCHÉMA	- Présence d'un titre - Schéma au crayon (et à la latte) - Respect des proportions
LÉGENDE	- Flèches horizontales - Alignement des flèches - Orthographe correcte

Tous ces points seront surement vérifiés lors de l'évaluation par un professeur.

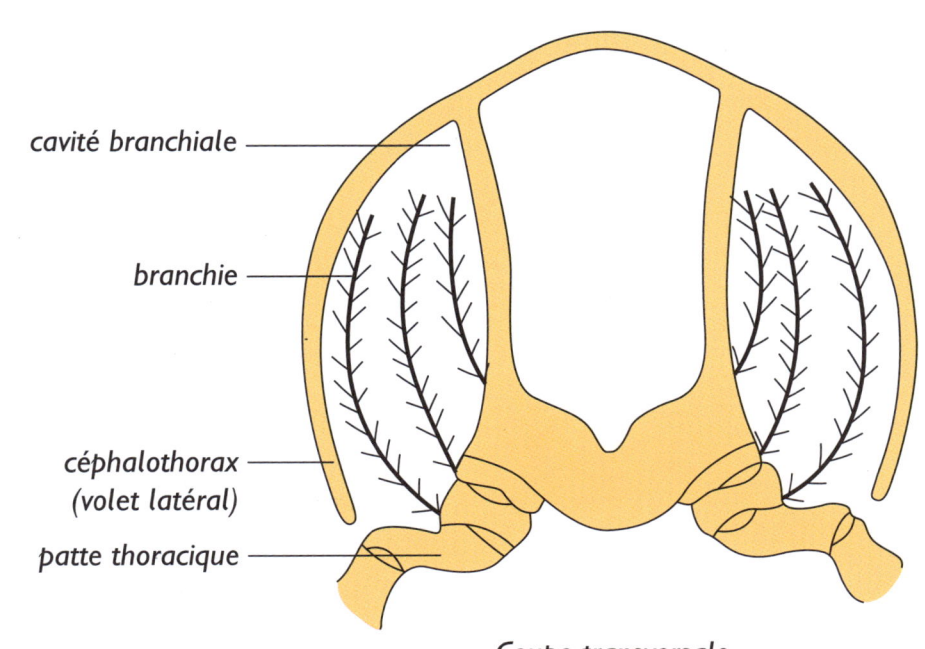

- cavité branchiale
- branchie
- céphalothorax (volet latéral)
- patte thoracique

Coupe transversale du céphalothorax d'une écrevisse

Fiches outils et rappels

3. Mémoriser quelques formules

La pression (exprimée en **Pa** ou **N/m²**)

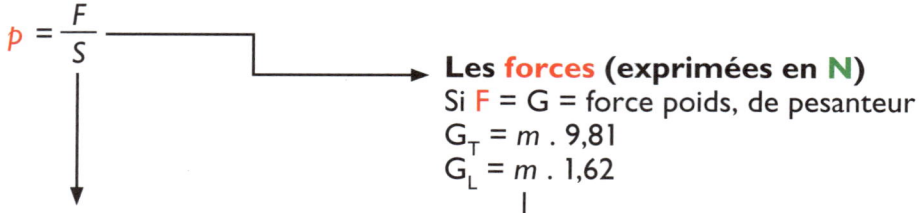

$$p = \frac{F}{S}$$

Les forces (exprimées en **N**)
Si $F = G$ = force poids, de pesanteur
$G_T = m \cdot 9{,}81$
$G_L = m \cdot 1{,}62$

Les surfaces (exprimées en **m²**)

$S_{carré} = c \cdot c$ ou c^2

$S_{rectangle} = L \cdot l$

$S_{cercle} = \pi \cdot r^2$

$S_{triangle} = \dfrac{b \cdot h}{2}$

La masse (exprimée en **kg**)

Comme $\rho = \dfrac{m}{V}$ → $m = \rho \cdot V$

Les volumes (exprimés en **m³**)

$V_{cube} = c \cdot c \cdot c$ ou c^3

$V_{parallélépipède\ rectangle} = L \cdot l \cdot h$

$V_{sphère} = \dfrac{4}{3} \cdot \pi \cdot r^3$

$V_{cylindre} = \pi \cdot r^2 \cdot h$

Remarques :

Unités :
N → Newton
Pa → Pascal

Grandeurs :
G_T → force poids, de pesanteur sur la Terre
G_L → force poids, de pesanteur sur la Lune
ρ = rho → masse volumique

4. Transformer des unités

Grandeur : Masse → **Symbole de la grandeur :** m

t	q	10 kg	kg	hg	dag	g	dg	cg	mg

Grandeur : Surface → **Symbole de la grandeur :** S

km²		hm²		dam²		m²		dm²		cm²		mm²	

Grandeur : Volume/capacité → **Symbole de la grandeur :** V

km³			hm³			dam³			m³			dm³			cm³			mm³		
									kL	hL	daL	L	dL	cL	mL					

Remarques :

Rappel :
t, tonne → 1000 kg
q, quintal → 100 kg

Signification des préfixes :
k, kilo → 1000 (fois plus grand)
h, hecto → 100 (fois plus grand)
da, déca → 10 (fois plus grand)
d, déci → 0,1 (10 fois plus petit)
c, centi → 0,01 (100 fois plus petit)
m, milli → 0,001 (1000 fois plus petit)

Fiches outils et rappels

5. Réaliser un classement dichotomique

Ensemble des éléments à classer

Critère :
Caractéristique : ?

OUI → Éléments classés
Donner un nom au groupe formé

NON →
Critère :
Caractéristique : ?

OUI → Éléments classés
Donner un nom au groupe formé

NON → Éléments classés
Donner un nom au groupe formé

Un critère correspond au choix des groupes que l'on désire obtenir. Il correspond à un point commun observable chez tous les éléments à trier. Exemple : nombre de paires de pattes.

Repère le premier critère en observant la fin du classement dichotomique qui t'est proposé et qui te donne souvent une indication.

Une caractéristique est une particularité qui permet de décrire avec précision l'élément. Elle sert donc à faire le tri. Elle est souvent posée sous forme d'une question à laquelle on répond par oui ou non. Exemple : A-t-il UNE paire de pattes ?

Veille bien à ce que tous les éléments soient classés et que chaque caractéristique soit exclusive (aucun élément ne doit pouvoir se retrouver des 2 côtés).

Dans un classement dichotomique, chaque critère doit diviser le groupe en deux. Donc si on choisit comme critère le nombre de paires de pattes on peut avoir comme caractéristique « une paire de pattes » et « plus d'une paire de pattes », mais on ne peut pas avoir « une paire de pattes », « deux paires de pattes » et « trois paires de pattes ».

Fiches outils et rappels

6. Rédiger un rapport de laboratoire

Un rapport de laboratoire est généralement constitué des parties suivantes :

a) But du laboratoire :

Détermine ce que l'on cherche à résoudre ou à démontrer avec l'expérience.

b) Hypothèses :

Une hypothèse est une estimation du résultat que l'on attend de l'expérience. Elle ne doit pas forcément être correcte. C'est justement l'expérience qui doit vérifier si celle-ci est correcte ou incorrecte.

c) Matériel et produits :

Rédige une liste claire et précise du matériel et des substances utilisées. Les quantités doivent aussi être indiquées.

d) Mode opératoire :

Explique étape par étape le déroulement de l'expérience.

Conseil : Utiliser des verbes à l'infinitif.

e) Schémas :

Représente l'expérience en respectant les consignes de base : « Fiches outils et rappels » : *Réaliser un schéma* (p. 9). Les schémas sont généralement utilisés pour montrer différents moments de l'expérience (début, milieu et fin) ou pour illustrer le montage réalisé avant l'expérience lorsque différents matériaux doivent être assemblés (par exemple en électricité).

f) Observations :

Décris tout ce qui se passe lors de l'expérience en utilisant tes 5 sens.

Ne pas utiliser de « car » ou de « parce que ».

g) Interprétation :

Donne une explication logique à ce que tu as observé lors de l'expérience, analyse les données.

C'est dans cette partie que l'on utilise les « car », « parce que »…

h) Conclusion :

Décris brièvement si le but de l'expérience est atteint et si l'hypothèse de départ est vérifiée ou non. Indique la relation (mathématique) mise en évidence par l'expérience.

Exercices guidés

Thème 1 : Êtres vivants

1. Construction d'un graphique 16
2. Analyse d'un graphique 18
3. Classement par clé dichotomique 20
4. Classement par tableau à double entrée 22
5. Construction d'un réseau trophique 24
6. Construction de cycles de vie 29

Thème 2 : Énergie

7. Construction de chaines énergétiques 31
8. Modélisation 32
9. Relation entre 2 variables 34

Thème 3 : Air, eau et sol

10. Modélisation moléculaire 35

Thème 4 : Matière

11. Modélisation moléculaire 37
12. Analyse d'une expérience 38

Exercices guidés

QUESTION 1

À partir des données du tableau ci-dessous, CONSTRUIS le graphique de la croissance du plant de cresson.

> **Conseils pour construire un graphique :**
>
> - Repère les **deux** variables (contrôlée et dépendante).
> - Note la variable que l'on étudie (dépendante) sur l'axe vertical du graphique.
> - Note l'autre variable (contrôlée) sur l'axe horizontal.
> - Écris entre parenthèses et à côté de chaque variable l'unité dans laquelle elle s'exprime.
> - Gradue les axes en fonction de l'échelle précisée.
> - Place les valeurs du tableau dans le graphique.
> - Relie les points à main levée.
> - Note le titre du graphique en n'oubliant pas qu'il doit reprendre le nom des 2 variables : Évolution de .... en fonction de .... (nom de la variable (contrôlée) sur l'axe horizontal).

Document :

Tableau de croissance d'un plan de cresson

Temps (jours)	Taille (cm)
1	0,5
3	1
4	2
6	3,5
8	5
13	9

Échelles :
1 cm ⟶ 1 cm
1 cm ⟶ 1 jour

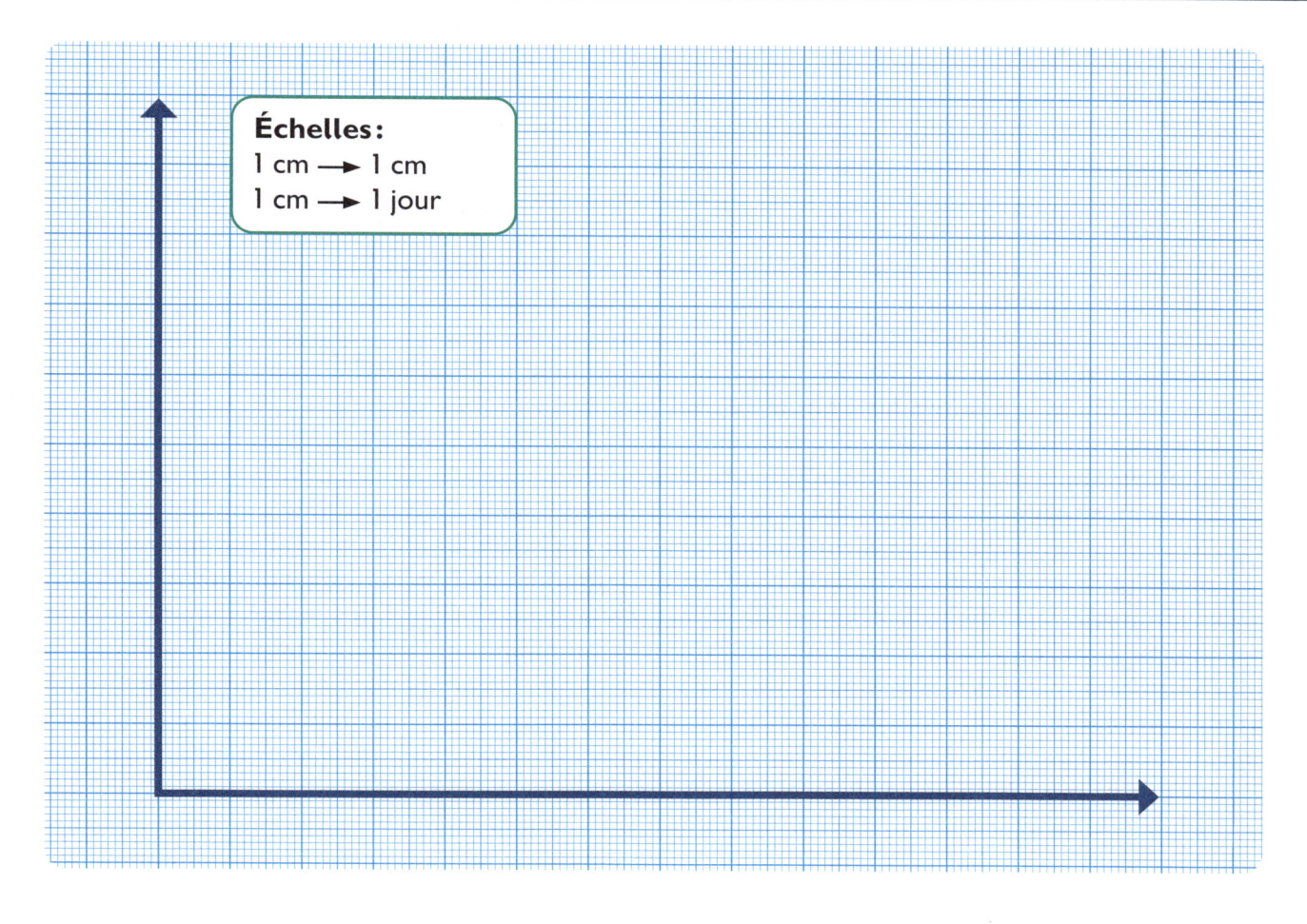

1. NOTE un titre pour ce graphique :

2. DÉCRIS la croissance du cresson à l'aide d'une phrase liant les deux variables :

Exercices guidés

QUESTION 2

Document 1:

Le phasme bâton est un insecte facile à élever en terrarium. Il imite à la perfection une brindille. Il est mimétique, ce qui lui permet d'échapper à beaucoup de prédateurs.
C'est un animal essentiellement nocturne.
Il se nourrit de feuilles de ronce, de lierre...
Les meilleures conditions de vie pour le phasme morose sont d'environ 20 à 25°C pour la température et de 65 à 70 % d'hygrométrie.
Si la température est basse, le cycle de croissance est ralenti.
Ce phasme ne s'accouple pas comme la plupart des animaux. La femelle pond des œufs sans intervention d'un mâle. On appelle ce mode de reproduction la parthénogenèse (mot qui vient du grec « parthenos » = jeune fille et « genese » = engendrer). Elle n'engendre alors que des femelles.
Entre l'œuf et l'adulte, il se passe environ un an. Le cycle de ponte dure 6 à 9 mois et se termine par la mort du phasme.

Source : texte inspiré du site www.phasmes.com/le_coin_du_debutant.php

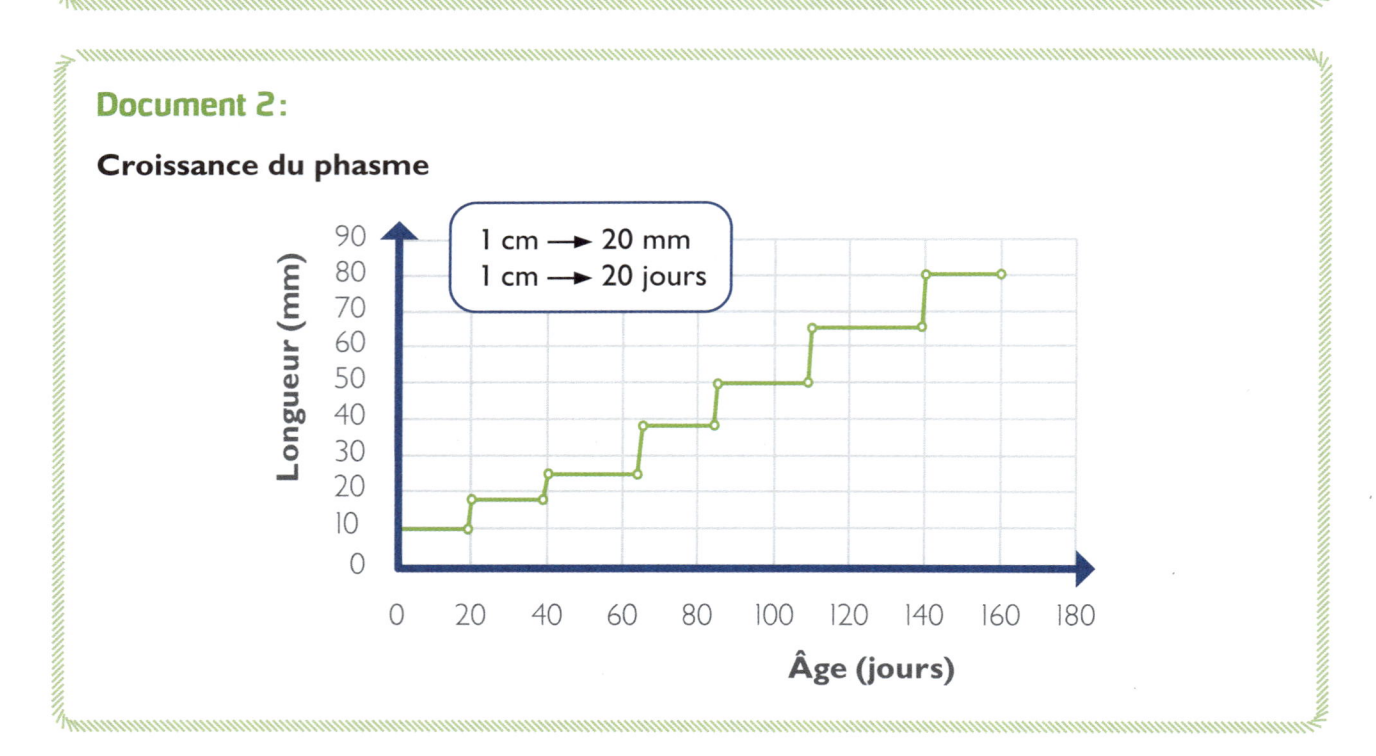

Document 2:

Croissance du phasme

1 cm → 20 mm
1 cm → 20 jours

(Graphique : Longueur (mm) en fonction de l'Âge (jours))

1. DONNE un titre précis à ce graphique :

....

....

Exercices guidés

2. DONNE la taille du phasme exprimée en centimètre :
   - À sa naissance : ....
   - À 110 jours : ....
   - À 120 jours : ....

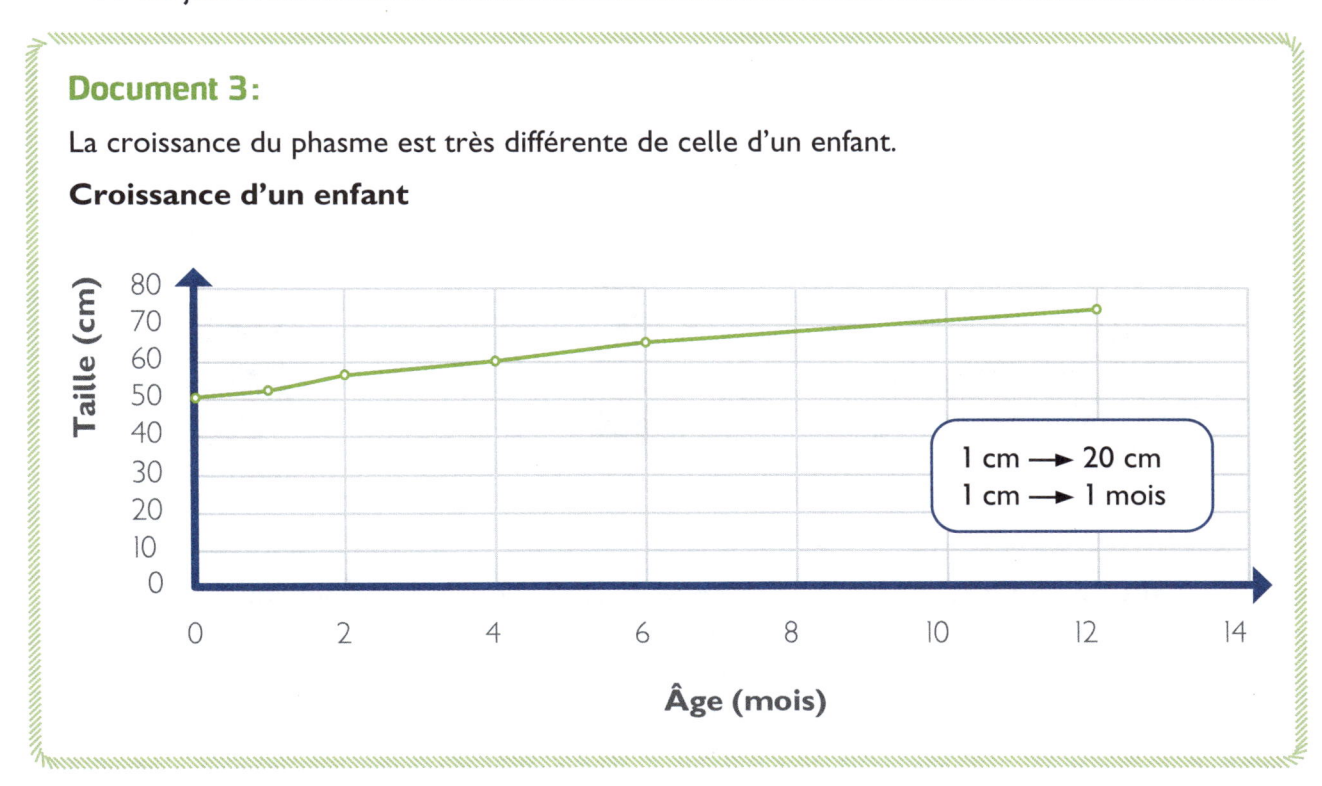

> **Document 3 :**
>
> La croissance du phasme est très différente de celle d'un enfant.
>
> **Croissance d'un enfant**
>
> [Graphique : Taille (cm) en fonction de l'Âge (mois), de 0 à 14 mois, taille allant d'environ 50 cm à la naissance à ~75 cm à 12 mois]
>
> 1 cm → 20 cm
> 1 cm → 1 mois

Conseils pour analyser un graphique :
- Souvent on te demandera de relever quelques valeurs sur le graphique ; pour ce faire, regarde bien le titre, les variables (+ unités) notées sur les axes et l'échelle utilisée.
- Lorsque tu dois décrire, écris comment la variable évolue dans le temps (elle diminue, augmente...) et de quelle manière (régulièrement, irrégulièrement, en paliers...).
- Lorsque tu dois interpréter, justifier, explique la signification de ce que tu as observé à l'aide d'une phrase en utilisant les termes scientifiques utiles.
  Les documents annexes te fournissent des indices...

3. DÉCRIS la croissance du phasme en la comparant à celle de l'enfant :

....

....

4. JUSTIFIE cette croissance très particulière du phasme :

....

Exercices guidés

QUESTION 3

1. TRIE les êtres vivants ci-dessous en complétant le classement dichotomique présent à la page suivante et en tenant compte du groupe déjà placé (Invertébrés).
2. NOMME les groupes et les classes formés (mollusques, oiseaux...) à la fin du classement, dans la case prévue à cet effet.
3. INDIQUE la place de l'homme sur le classement de la page 21.

Document :

POISSON-CHAT

Signes distinctifs
- yeux
- bouche
- squelette
- nageoires

CANARD

Signes distinctifs
- yeux
- bouche
- squelette
- 2 pattes
- 2 ailes
- plumes

PAPILLON

Signes distinctifs
- yeux
- bouche
- antennes
- ailes
- 6 pattes

LIÈVRE

Signes distinctifs
- yeux
- bouche
- squelette
- 4 pattes
- poils
- mamelles

MOULE

Signes distinctifs
- bouche
- coquille
- 1 pied

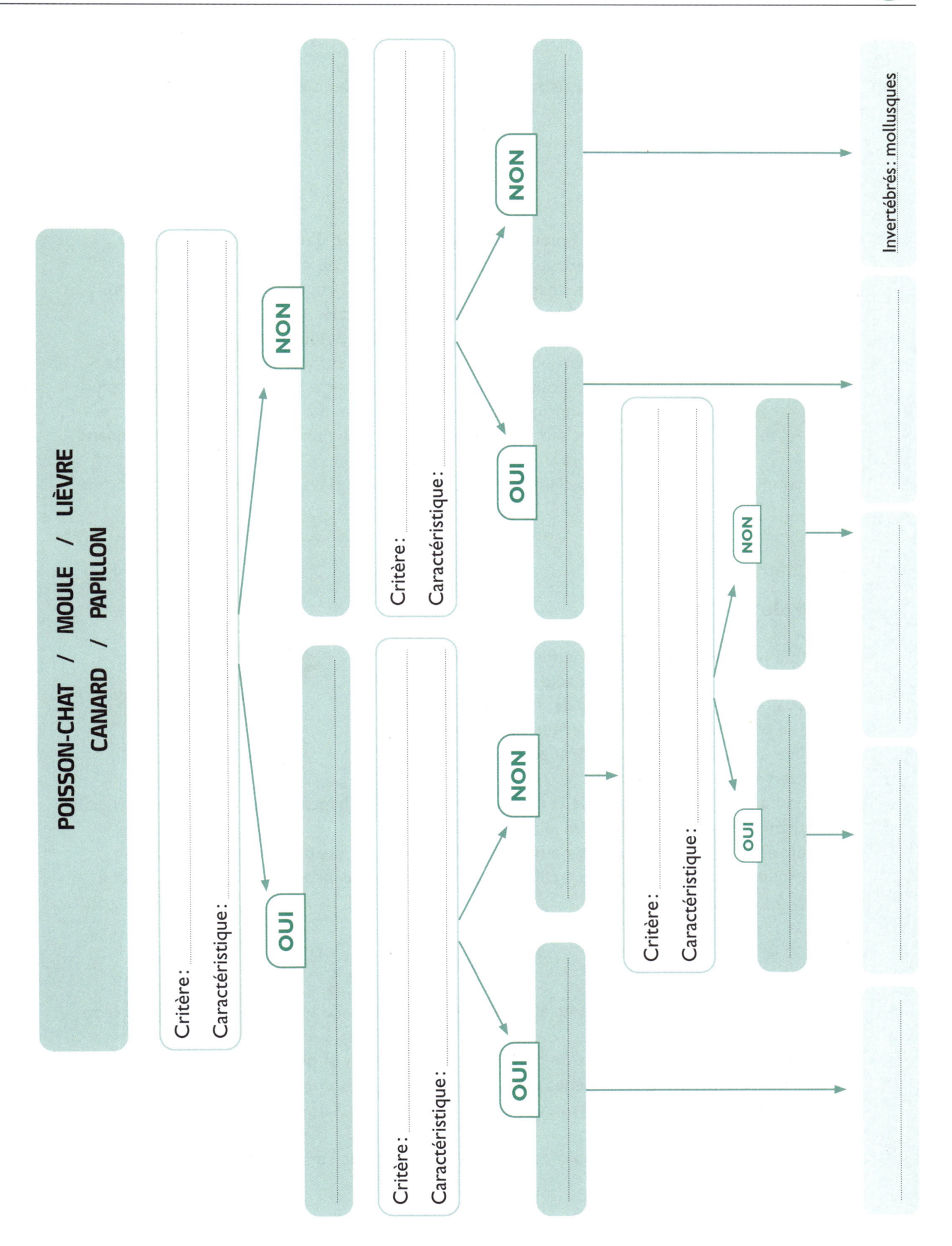

Exercices guidés

POISSON-CHAT / MOULE / LIÈVRE / CANARD / PAPILLON

Critère : ....
Caractéristique : ....

- OUI →
  - Critère : ....
  - Caractéristique : ....
    - OUI →
      - Critère : ....
      - Caractéristique : ....
        - OUI → ....
        - NON → ....
    - NON → ....
- NON →
  - Critère : ....
  - Caractéristique : ....
    - OUI →
      - Critère : ....
      - Caractéristique : ....
        - OUI → ....
        - NON → ....
    - NON → Invertébrés : mollusques

Exercices guidés

QUESTION 4

CONSTRUIS un tableau de comparaison structuré de ces 2 espèces de champignons comprenant minimum 5 critères.

Document 1 :

Le bolet de Bordeaux

Le bolet de Bordeaux fait partie d'un très vaste genre regroupant plusieurs centaines de champignons à tubes.
Son chapeau qui mesure 4 à 12 cm de diamètre est charnu, convexe puis plus ou moins étalé.
Les tubes de celui-ci sont de couleur jaune soufré, ils brunissent à la pression. La surface du chapeau présente une couleur variant de brun clair à brun foncé comme le pied cylindrique. L'anneau est mince, membraneux et blanchâtre.
Sa chair est ferme, blanche et ne change pas de couleur quand on la tranche.
Ce champignon pousse dans les clairières ombragées, et se développe de l'été à l'automne.

Document 2 :

La girole

La girole pousse dans nos bois de feuillus ou de résineux de fin aout à fin octobre sur sol acide.
Le diamètre de son chapeau est de 4 à 10 cm, d'abord convexe puis s'aplatissant et se creusant en coupe ou en calice. Sa couleur est jaune orangé. Ses lamelles sont assez serrées.
Son pied de 4 à 7 cm de haut, de la même couleur que le chapeau quoique parfois plus clair, se courbe et s'amincit souvent en allant vers la base.
Sa chair épaisse, un peu fibreuse dans le pied, blanc crème, est plutôt ferme. Elle a une odeur fruitée, parfois comparée à celle de la mirabelle, mais proche de celle de l'abricot.

Conseils :

- Lis attentivement les documents afin de mettre en évidence les critères de comparaison possibles.
- Comme tu as plus de critères de comparaison (minimum 5) que d'espèces de champignons à comparer (2), place les espèces dans les colonnes et les critères dans les lignes.
- Place les critères identifiés dans la première colonne. Tu auras donc minimum 5 lignes en plus de celle des titres.
- Dans cet exercice guidé, nous te traçons le tableau, ce ne sera plus le cas dans les exercices en autonomie.

Exercices guidés

INDIQUE les critères de comparaison :

1. ....
2. ....
3. ....
4. ....
5. ....

Exercices guidés

QUESTION 5

Lis attentivement les 8 documents suivants qui te permettront de réaliser le réseau trophique des grandes dunes du Sahara.

Document 1 :

La végétation des grandes dunes a évolué en même temps que celles-ci. Les premières plantes ont retenu les grains de sable. Puis l'accumulation de sable a permis le développement des racines et la croissance de ces plantes.
Quant aux espaces qui séparent les grandes dunes, ils sont couverts d'une épaisse végétation d'arbustes (**oseille sauvage, acacia**...) gonflés de sucs et très appréciés des chameaux, et de grandes **graminées** dont les touffes croissent épaisses et serrées comme celles du blé dans les champs cultivés d'Europe.

Document 2 :

Animal nocturne, la **vipère de l'Erg** est capable de rester plusieurs heures sous le sable pour essayer de capturer un petit lézard ou une souris. Elle tue ses victimes par une morsure venimeuse. Elle se nourrit principalement de petits rongeurs et de lézards et possède trois prédateurs : l'homme, les rapaces et les hérissons.

Document 3 :

Dans les grandes dunes, on trouve aussi des termitières, ces grands nids de **termites**.
Ces derniers vivent en colonies hiérarchisées et organisées, un peu comme les fourmis.
Munis de pièces buccales broyeuses, les termites se nourrissent surtout de bois et de fragments de feuilles.

Exercices guidés

Document 4:

Les **gazelles dorcas**, qui paissent par nombreux troupeaux dans les steppes herbeuses du Sahara, se retrouvent dans la région des grandes dunes pour la sécurité qu'elles y trouvent. Elles consomment des graminées, diverses plantes basses et également les feuilles d'arbres comme les acacias. Dans le nord du Sahara, certaines gazelles peuvent se passer d'eau pendant un temps considérable. Ces animaux étanchent leur soif en mangeant les feuilles gonflées de suc de certains arbrisseaux.

Document 5:

Le **hérisson** du désert est un animal très solitaire, qui aime se réfugier dans son terrier pendant la journée. Il est très actif au crépuscule.
Son menu est composé d'insectes, de petits vertébrés, d'œufs et de scorpions. Il transporte sa nourriture jusqu'à son terrier et la stocke pour une utilisation future. Ce comportement, très particulier pour un hérisson, est une adaptation à la vie dans des zones où la quantité de nourriture disponible est variable d'un jour à l'autre. S'il ne trouve plus ni à manger ni à boire, il reste prostré dans son terrier, mais n'hiberne pas. Il craint les rapaces nocturnes et les blaireaux.

Document 6:

Dans les grandes zones sableuses vit un **lézard** appelé «poisson de désert» pour son habilité à se déplacer très rapidement sur le sable, comme s'il nageait. Il s'enfouit dans le sable sur une profondeur de 10 à 40 cm afin de se protéger de la chaleur du désert. Sa nourriture se compose d'insectes (sauterelles, coléoptères), d'arachnides, de lézards et de plantes.

Exercices guidés

Document 7:

Le **Grand-duc ascalaphe** (également appelé « grand-duc du désert » ou « grand-duc africain ») est parfaitement adapté au climat désertique.
Rarement visible, il passe la majorité de sa journée caché sur les corniches rocheuses ou dans les arbres. Prédateur nocturne, il aime chasser depuis son perchoir en plongeant dans l'air sans bruit. Son menu est composé de petits mammifères, de scorpions, de reptiles, de petits oiseaux et de hérissons.

Document 8:

Le **chameau** peut vivre dix à quatorze jours sans boire et se nourrit de quelques touffes d'herbe. En été, le chameau porteur ne peut marcher que trois ou quatre jours sans boire, selon la température.

Source: d'après https://desert-maroc.com

Conseils:

- Identifie d'abord le thème de biologie: les chaines et les réseaux trophiques.
- Lis attentivement les documents afin d'identifier les producteurs, les consommateurs primaires, secondaires et tertiaires ainsi que les prédateurs.
- Surligne leur nom en associant une couleur différente pour chaque cas. Ex: vert pour les producteurs, jaune pour les consommateurs primaires… Cette étape te permettra de compléter le tableau que nous te proposons ci-après et te guidera dans ton raisonnement pour créer un réseau trophique.
- Attention: un même animal peut se trouver dans plusieurs colonnes de ce tableau.

Exercices guidés

1. À partir des documents précédents, CONSTRUIS une chaine trophique comprenant cinq maillons. La vipère de l'Erg doit en faire partie sans qu'elle soit le prédateur :

   ☐ → ☐ → ☐ → ☐ → ☐

   INDIQUE sous la case adéquate, les termes ou les chiffres qui leur correspondent :

   1. prédateur
   2. producteur ou P
   3. consommateur primaire (de premier ordre) ou C1
   4. consommateur secondaire (de deuxième ordre) ou C2
   5. consommateur tertiaire (de troisième ordre) ou C3

   DONNE la signification des flèches → dans les chaines alimentaires.

   _____

2. IDENTIFIE dans les documents,

   a) un omnivore : _____

   b) un carnivore : _____

3. COMPLÈTE le tableau suivant en y plaçant toutes les espèces écrites en gras dans les documents :

Producteurs	Consommateurs primaires	Consommateurs secondaires	Consommateurs tertiaires	Prédateurs

Exercices guidés

4. **CONSTRUIS** un réseau trophique à partir des vivants cités en gras dans les documents 1 à 8.

   Pour t'aider, 2 vivants ainsi que certaines flèches y sont déjà placés. Les couleurs des cases sont également un indice.

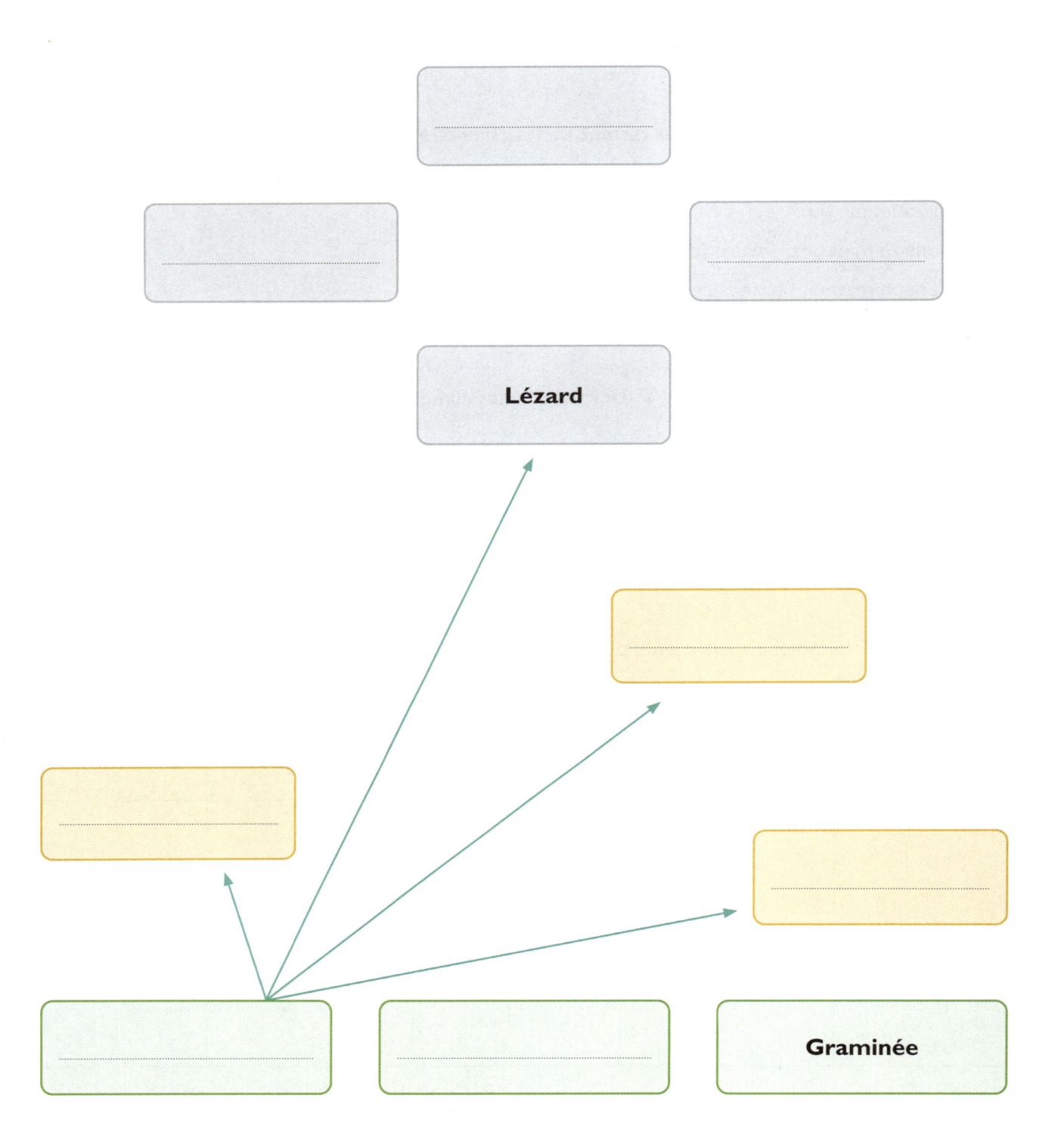

   Lézard

   Graminée

Exercices guidés

QUESTION 6

La scille appelée aussi urginée maritime est une plante que l'on observe surtout au mois de septembre dans les Cyclades (îles Grecques). Le reste de l'année, son bulbe est caché dans les rocailles.

Sur ces photographies prises à différents moments du mois de septembre, on observe deux modes de reproduction.

© photo : Anne Delsaut

Conseils :

- Identifie le thème de biologie : la reproduction végétale.
- Remémore-toi les deux grands types de reproduction.
- Recherche dans le texte et les photographies les éléments qui pourraient correspondre à chaque mode de reproduction : fleur, fruit, bulbe, rhizome…
- Complète les cycles en t'aidant de la légende des flèches. Respecte bien leur couleur !
- Note sur les pointillés les deux phénomènes biologiques se produisant à cette étape du cycle.

INDIQUE les deux modes de reproduction observables.

Pour chaque mode de reproduction de cette plante, CONSTRUIS le cycle de vie en complétant les cases de la page suivante et en plaçant les flèches colorées correctement.

Exercices guidés

Premier mode de reproduction : ....

Cycle de vie :

La scille ⟶ [..........]

Légende des flèches :
⟶ *possède*
⟶ *évolution*

Deuxième mode de reproduction : ....

Cycle de vie :

La scille

Légende des flèches :
⟶ *possède*
⟶ *produisent*
⟶ *fécondation*
⟶ *évolution*

Exercices guidés

QUESTION 7

Alyssa est partie en vacances en Grèce où elle a photographié le toit de cette maison.

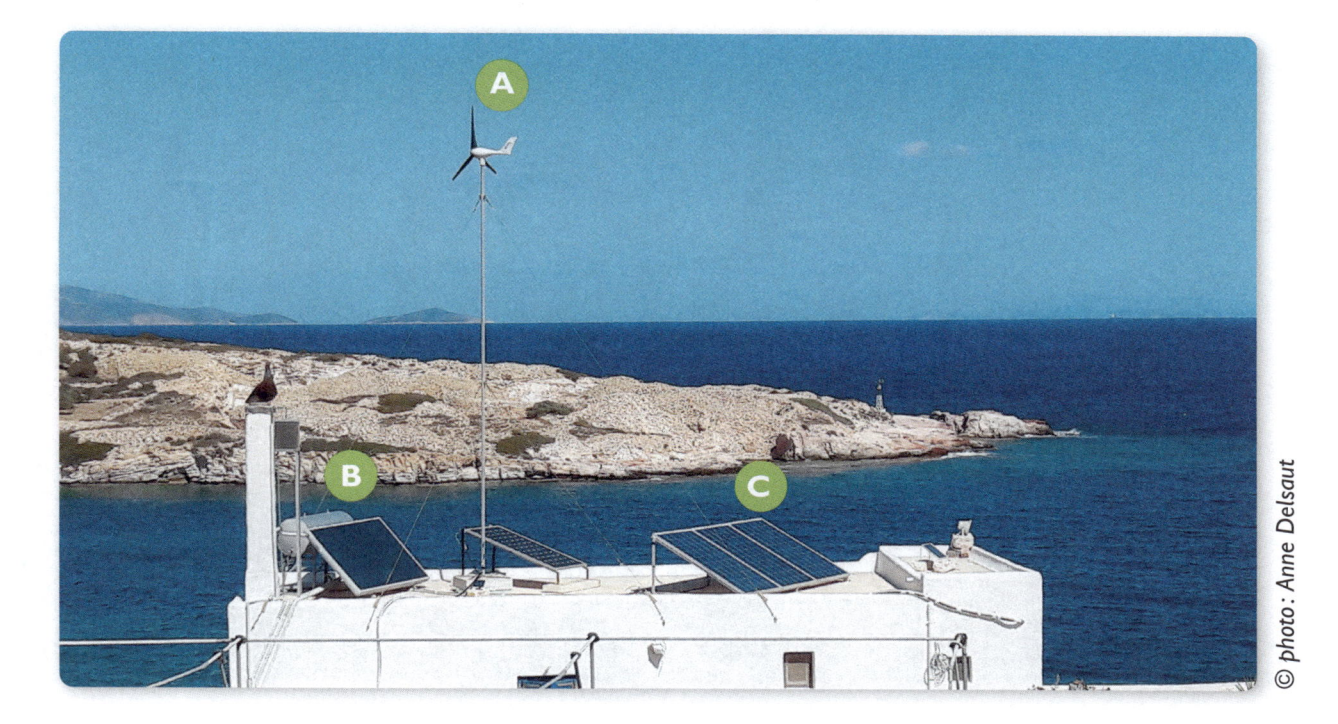

Conseils :

- Identifie le thème de physique : énergie.
- Différencie bien les transformateurs (convertisseurs) des types d'énergie.
- Sois attentif(-ve) à tous les détails : pour le transformateur « B », il y a un réservoir en dessous…

1. IDENTIFIE les 3 transformateurs d'énergie présents sur ce toit :

   A. ....

   B. ....

   C. ....

2. Pour chacun, COMPLÈTE la chaine énergétique :

   A. Énergie .... ⟶ Énergie ....

   B. Énergie .... ⟶ Énergie ....

   C. Énergie .... ⟶ Énergie ....

Exercices guidés

QUESTION 8

Nicolas fait de la planche à voile. Son frère, qui aime la physique, s'interroge sur les forces.

Conseils :

- Identifie le thème de physique : les forces.
- Lis attentivement les propositions avant d'en choisir une afin d'identifier :
  - ✓ qui agit (celui qui exerce la force) et qui subit (celui sur lequel la force agit) dans les différentes propositions
  - ✓ ce qu'on te demande de comparer : l'intensité des forces, leur sens et leur point d'application. Donc ici, plusieurs réponses sont possibles.
- Sois précis(-e) pour nommer le principe : si tu as bien lu les propositions, tu dois avoir remarqué le lien particulier entre elles.

Exercices guidés

1. COCHE les propositions correctes :

   ☐ La force exercée par l'air sur la voile a une intensité plus grande que la force exercée par la voile sur l'air.

   ☐ La force exercée par l'air sur la voile a une intensité plus petite que la force exercée par la voile sur l'air.

   ☐ La force exercée par l'air sur la voile a la même intensité que la force exercée par la voile sur l'air.

   ☐ La force exercée par l'air sur la voile est de même sens que la force exercée par la voile sur l'air.

   ☐ La force exercée par l'air sur la voile est de sens contraire à la force exercée par la voile sur l'air.

   ☐ Ces 2 forces ont le même point d'application.

2. NOMME le principe mis en évidence dans cette situation.

   _____

3. CITE les effets de la force exercée par l'air sur la voile.

   _____

   _____

4. MODÉLISE cette force :

Exercices guidés

QUESTION 9

Je tiens un crayon entre le pouce et l'index et je resserre les doigts.

Conseils :
- Identifie le thème de physique grâce aux termes scientifiques utilisés : force et pression.
- Remémore-toi le lien entre ces 2 grandeurs ainsi que l'autre variable (surface pressée).

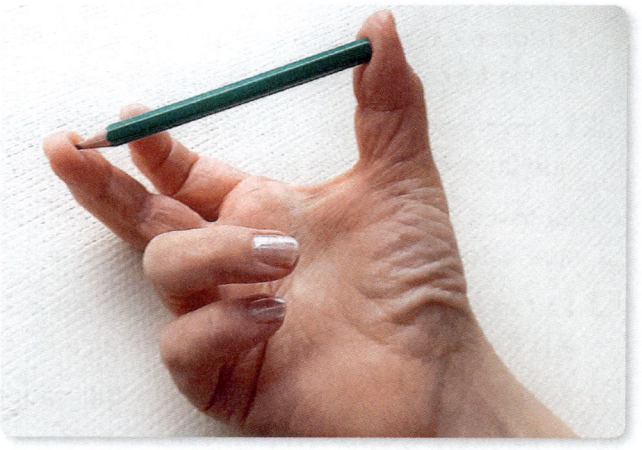

1. COCHE les propositions correctes :
   - ☐ La douleur est plus intense sur le pouce.
   - ☐ La douleur est moins intense sur le pouce.
   - ☐ La force exercée est plus intense sur le doigt qui a le plus mal.
   - ☐ La force exercée est moins intense sur le doigt qui a le plus mal.
   - ☐ Les forces exercées sur les deux doigts ont la même intensité.
   - ☐ La pression du crayon est plus grande sur le pouce.
   - ☐ La pression du crayon est plus petite sur le pouce.

2. JUSTIFIE tes choix et CITE précisément la variable qui n'est pas mentionnée dans ces propositions :

   ....
   ....
   ....
   ....

3. PROPOSE deux techniques différentes qui te permettraient de provoquer l'éclatement d'un ballon de baudruche hermétiquement fermé.

   ....
   ....
   ....
   ....

Exercices guidés

QUESTION 10

Document :

Voici les modélisations de deux substances :

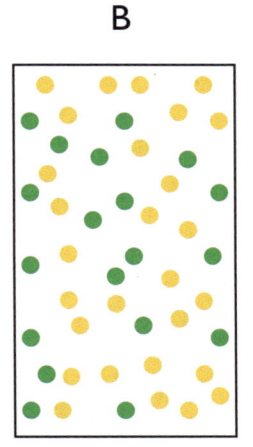

A   B

Conseils :

- Identifie le thème : modélisation moléculaire de mélanges et corps purs.
- Repère les modèles différents de molécules : forme, couleur…
- Observe la distance séparant deux molécules. Elle t'indiquera s'il s'agit d'un solide ou d'un liquide.
- Repère la présence ou l'absence de « petites barres » sur un modèle. Elles t'indiquent l'agitation des molécules et donc l'état gazeux.

1. COCHE la proposition correcte.

    La substance A… :

    ☐ est un mélange homogène.

    ☐ est un mélange hétérogène.

    ☐ est un corps pur.

    JUSTIFIE ton choix :

    ....
    ....
    ....
    ....

Exercices guidés

2. COCHE la proposition correcte.

   La substance B... :

   ☐ est un mélange homogène.

   ☐ est un mélange hétérogène.

   ☐ est un corps pur.

   JUSTIFIE ton choix :

   ....
   ....
   ....
   ....

3. CITE la substance qui se présente sous deux états de la matière : ....

4. CITE la modélisation qui pourrait correspondre à celle de l'eau de mer : ....

5. CITE la modélisation qui pourrait correspondre à celle de l'eau distillée : ....

Exercices guidés

QUESTION 11

La masse volumique du zinc est de 7,1 g/cm³ et celle du diamant est de 3,5 g/cm³.

MODÉLISE un échantillon de même volume de chaque substance qui expliquera cette différence.

Zinc	**Diamant**

Conseils :

- Identifie le thème de physique grâce aux termes scientifiques utilisés : la masse volumique (caractéristique physique d'une substance à une température donnée).
- Remémore-toi les 2 variables qui interviennent dans la masse volumique : la masse et le volume. Compare-les avant de modéliser ces 2 solides différents mais de même volume.
- Pour un même volume, représente un carré plutôt qu'un cube afin de simplifier l'exercice.

Exercices guidés

QUESTION 12

Voici 3 récipients identiques remplis de différentes substances. Pourras-tu identifier leur contenu ?

Document 1 :

Récipient vide

On a rempli ce récipient d'eau et ensuite on en mesure le volume…

Document 2 :
Substance 1

Document 3 :
Substance 2

Document 4 :
Substance 3

Exercices guidés

Document 5:

Substances	Masses volumiques (kg/m³)
Alcool	790
Argon	1,78
Chêne	1170
Eau	1000
Étain	7290
Huile	920
Pétrole	850
Plomb	11 300
Sucre/ sable	1600
Zinc	7100

Conseils:

- Identifie le thème de physique: la masse volumique.
- Repère, dans le premier document, les caractéristiques physiques du récipient commun à toutes les autres mesures: sa masse et son volume intérieur. Note-les sur ta feuille de brouillon.
- Calcule la masse de chaque subtance grâce aux documents 2 à 4. Chaque substance est pesée dans le même récipient.
- Veille à transformer les valeurs des masses volumiques afin de pouvoir comparer celles des substances et celles du tableau.

Remarque:

Il y a de la place en page 40 pour ton raisonnement.

1. INDIQUE le volume intérieur du récipient:

   ....

2. IDENTIFIE les différentes substances grâce aux documents ci-dessus:

   Substance 1: ....

   Substance 2: ....

   Substance 3: ....

Exercices guidés

3. JUSTIFIE tes réponses en expliquant la démarche que tu as suivie :

Thème 1 : Êtres vivants

Questions 1 à 10 .... 42 – 63

Thème 2 : Énergie

Questions 11 à 15 .... 64 – 69

Thème 3 : Air, eau et sol

Questions 16 à 19 .... 70 – 73

Thème 4 : Matière

Question 20 74

Exercices en autonomie

Exercices en autonomie

QUESTION 1

Document :
Réseau trophique

Exercices en autonomie

1. INDIQUE la signification des flèches du réseau de la page précédente.

2. CITE le nom d'un autotrophe présent sur ce réseau.

3. CITE le nom d'un prédateur présent sur ce réseau et qui n'est pas une proie.

4. ÉCRIS à partir de ce réseau une chaine alimentaire à quatre maillons.

5. CITE le nom du consommateur primaire de la chaine alimentaire que tu viens d'écrire.

6. JUSTIFIE l'expression « réseau trophique » :

Exercices en autonomie

QUESTION 2

CONSTRUIS (en page 46) un tableau à double entrée permettant de comparer les différents êtres vivants illustrés sur base du critère « caractéristique circulatoire » et de 4 autres critères de ton choix basés sur les informations données par les documents ou sur tes connaissances personnelles.

Document 1 : Guépard

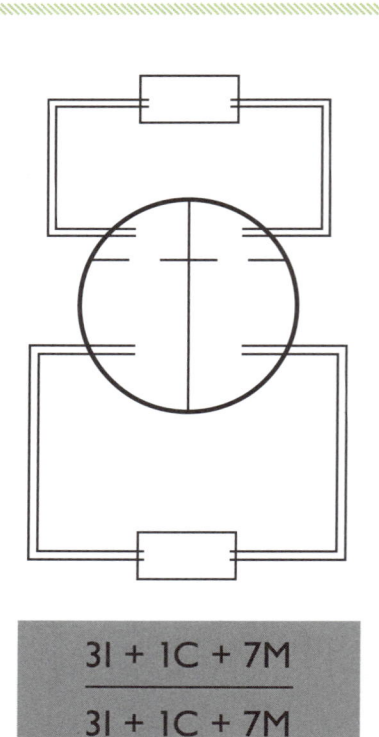

$$\frac{3I + 1C + 7M}{3I + 1C + 7M}$$

Document 2 : Crocodile

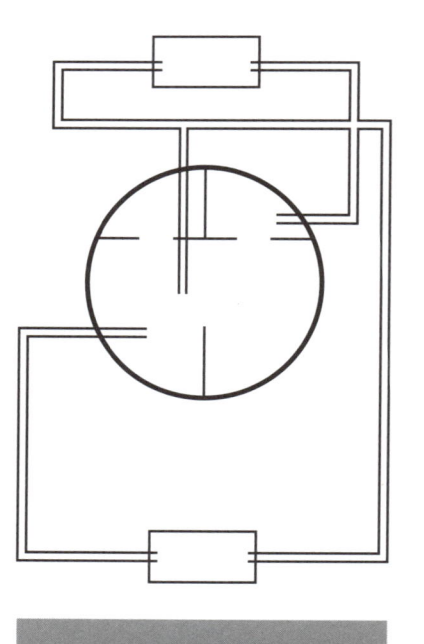

66 dents

Exercices en autonomie

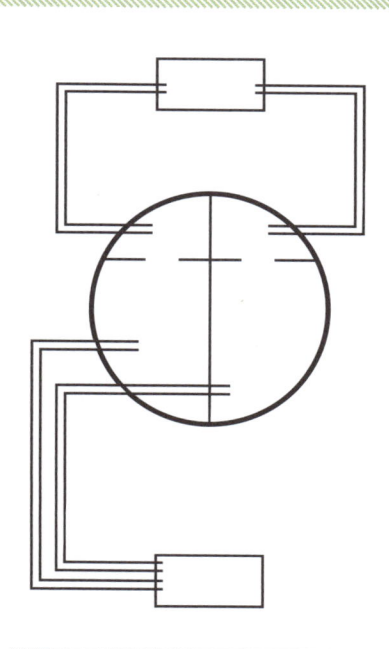

Document 3 : Mésange

$$\frac{0I + 0C + 0M}{0I + 0C + 0M}$$

Document 4 : Chameau

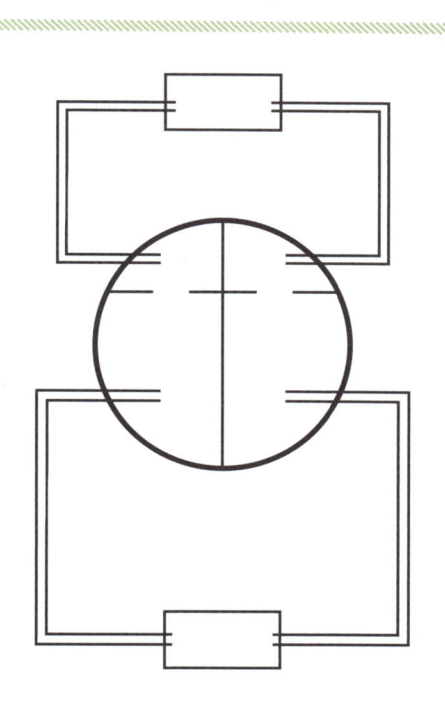

$$\frac{0I + 1C + 6M}{3I + 1C + 6M}$$

45

Exercices en autonomie

Tableau de comparaison (5 critères)

Exercices en autonomie

QUESTION 3

Document 1 :

Le cresson est une crucifère aux feuilles vert foncé qui pousse dans les zones humides (prairies, fossés ou même au bord des pièces d'eau).

Dès les premiers jours du printemps, cette plante fleurit et des fleurs blanches ou rose pâle s'épanouissent. C'est en hiver, quand les autres salades ne produisent plus, que le cresson se récolte.

Document 2 :

On pense souvent que les tortues se nourrissent exclusivement de tomate ou de salade. C'est faux. L'alimentation des tortues terrestres se compose de 90 % de végétaux et de 10 % de fruits.
Parmi les végétaux, on retrouve les feuilles de pissenlit, les feuilles de cresson ou encore les trèfles. Parmi les fruits, on retrouve par exemple les oranges épluchées, les bananes, les fraises, les framboises, les poires ou encore les pommes.

En raison des nombreux défrichements, des divers épandages de pesticides ou encore des nombreuses constructions, l'homme est actuellement le plus grand prédateur de la tortue. Cependant, dans le monde sauvage, les tortues sont chassées entre autres par le héron, le hérisson, le renard, le chien, le sanglier ou même la pie.

L'aigle royal est un des prédateurs les plus puissants. Au même titre que le loup, le lynx ou le hibou grand-duc, ce rapace de grande taille adore se nourrir de mammifères comme le renard.

Exercices en autonomie

Document 3 :

Le cresson est une plante cultivée pour ses feuilles comestibles au gout légèrement amer. Cette plante est également riche en antioxydant. Cette particularité place le cresson parmi les plantes qui préviendraient l'apparition de certains cancers. On effectue des recherches dans ce sens.
Cette crucifère aurait aussi des effets bénéfiques sur la santé de l'œil.

Voici quelques valeurs nutritives du cresson
Pour 100 g de cresson cru :

Apport énergétique	71 kJ
Calcium	130 mg
Eau	93,1 g
Fibres	1,89 g
Glucides	2,09 g
Lipides	0,3 g
Protéines	1,6 g
Vitamines C	56,5 mg

1. NOMME le composant principal du cresson : ....

   NOMME le composant le moins présent dans le cresson : ....

2. INDIQUE la quantité d'énergie reçue si tu manges 100 g de cresson : ....

3. INDIQUE la quantité de glucides apportée par 150 g de cresson.

   INDIQUE ton raisonnement : ....

4. De nos jours, il existe 14 familles de tortues comprenant 332 espèces différentes réparties un peu partout dans le monde. Malheureusement, 42 % de ces espèces sont menacées de disparition à cause de la destruction de leurs habitats ou d'une prédation trop importante (dans les deux cas, l'homme joue un rôle important) modifiant de cette façon les relations alimentaires de leur milieu de vie.

   Suite à ces bouleversements alimentaires, nos recherches sur le cancer sont-elles menacées ?

   JUSTIFIE : ....

Exercices en autonomie

QUESTION 4

La plupart des animaux ont des organes respiratoires adaptés à leur milieu de vie. Mais ce n'est pas le cas pour tous.

Document 1:

La tortue d'Hermann est une tortue terrestre qui respire à pleins poumons !

Document 2:

L'escargot aime vivre dans des zones humides, près d'une mare, d'un étang. Il respire l'air grâce à un poumon unique caché sous sa coquille.

Document 3:

L'argyronète est une araignée aquatique. Elle fabrique une toile en forme de cloche, la remplit d'air en montant à la surface, puis redescend avec cette bulle sous l'eau et l'accroche en profondeur à des végétaux.
Elle utilise ses trachées pour y puiser l'air indispensable à sa respiration.
L'air contenu dans la cloche peut lui permettre de respirer quelques jours avant de devoir remonter à la surface.

Document 4:

La grenouille verte vit sur les pierres au bord de mares ou d'étangs. Quand elle se sent menacée, elle plonge dans l'eau. Peu de temps après, elle remonte à la surface et laisse dépasser ses narines pour renouveler l'air de ses poumons. Sa peau lui permet aussi de respirer.

Exercices en autonomie

Document 5 :

Le martin-pêcheur capture sa nourriture dans l'eau en y plongeant un court instant.
Même s'il réalise cette action en apnée, il respire dans l'air avec ses poumons.

Document 6 :

Du fond de la rivière, l'écrevisse respire grâce à des branchies qui sont cachées sous sa carapace, de chaque côté de son céphalothorax.

Document 7 :

Comme tous les mammifères aquatiques, le lamantin respire grâce à des poumons. Il remonte toutes les 3 à 4 minutes à la surface pour respirer.

Document 8 :

Le dytique remonte à la surface pour prélever de l'air grâce à l'orifice se trouvant à l'arrière de son abdomen. De cette façon, il remplit une réserve d'air dissimulée sous ses ailes. Lorsqu'il plonge dans l'eau, il puise dans cette réserve pour alimenter ses trachées.

Document 9 :

La limnée remonte régulièrement à la surface pour remplir son unique poumon d'air.

© photo : Anne Delsaut

Exercices en autonomie

1. À l'aide des documents précédents, COMPLÈTE le tableau ci-dessous :

	Organe respiratoire	Milieu de vie	Milieu de respiration
La tortue			
L'escargot			
L'argyronète			
La grenouille verte			
Le martin-pêcheur			
L'écrevisse			
Le lamantin			
Le dytique			
La limnée			

2. CITE les différents types de respiration des animaux à respiration aérienne.

....

....

3. CITE les différents types de respiration des animaux à respiration aquatique.

....

....

4. EXPLIQUE l'adaptation indispensable pour les animaux dont le milieu de vie est différent du milieu de respiration.

....

....

....

....

Exercices en autonomie

QUESTION 5

Lis attentivement l'expérience décrite ci-dessous.

1. Matériel et produits

Matériel : 2 bocaux transparents identiques et hermétiques, 2 petits berlins, un tison (bâtonnet en bois), des allumettes

Produits : des champignons, des cailloux, de l'eau de chaux

2. Mode opératoire

Dans le premier bocal :
- placer un volume quelconque de cailloux lavés.
- placer 10 mL d'eau de chaux dans un petit berlin.
- fermer le bocal hermétiquement.

Dans le deuxième bocal :
- placer un volume de champignons identique au volume de cailloux.
- placer 10 mL d'eau de chaux dans un petit berlin.
- fermer le bocal hermétiquement.

Après 24h, observer l'aspect de l'eau de chaux dans les 2 bocaux.

Ouvrir les bocaux un à un et introduire rapidement le tison allumé.

3. Photographies

Au départ    *Après 24h*

Exercices en autonomie

Aspect de l'eau de chaux après 24h, bocaux fermés :

Limpide   *Troublée*

Tison introduit dès l'ouverture des bocaux :

1. DÉCRIS l'aspect de l'eau de chaux après 24 h dans chacun des bocaux :
   - Bocal 1 : ....
     ....
   - Bocal 2 : ....
     ....

   INTERPRÈTE chacune de tes observations en utilisant les termes scientifiques adéquats :
   - Bocal 1 : ....
     ....
   - Bocal 2 : ....
     ....

Exercices en autonomie

2. DÉCRIS ce que tu observes lorsque tu introduis le tison allumé dans chacun des bocaux :

   • Bocal 1 : ....

   • Bocal 2 : ....

   INTERPRÈTE chacune de tes observations en utilisant les termes scientifiques adéquats :

   • Bocal 1 : ....

   • Bocal 2 : ....

3. INDIQUE la conclusion pour l'ensemble de cette expérience :

   ....
   ....
   ....

Exercices en autonomie

QUESTION 6

La bronchiolite est une maladie infectieuse des voies respiratoires qui touche la plupart du temps les nourrissons et les jeunes enfants. Les bronchioles sont alors obstruées par un excès de mucus.

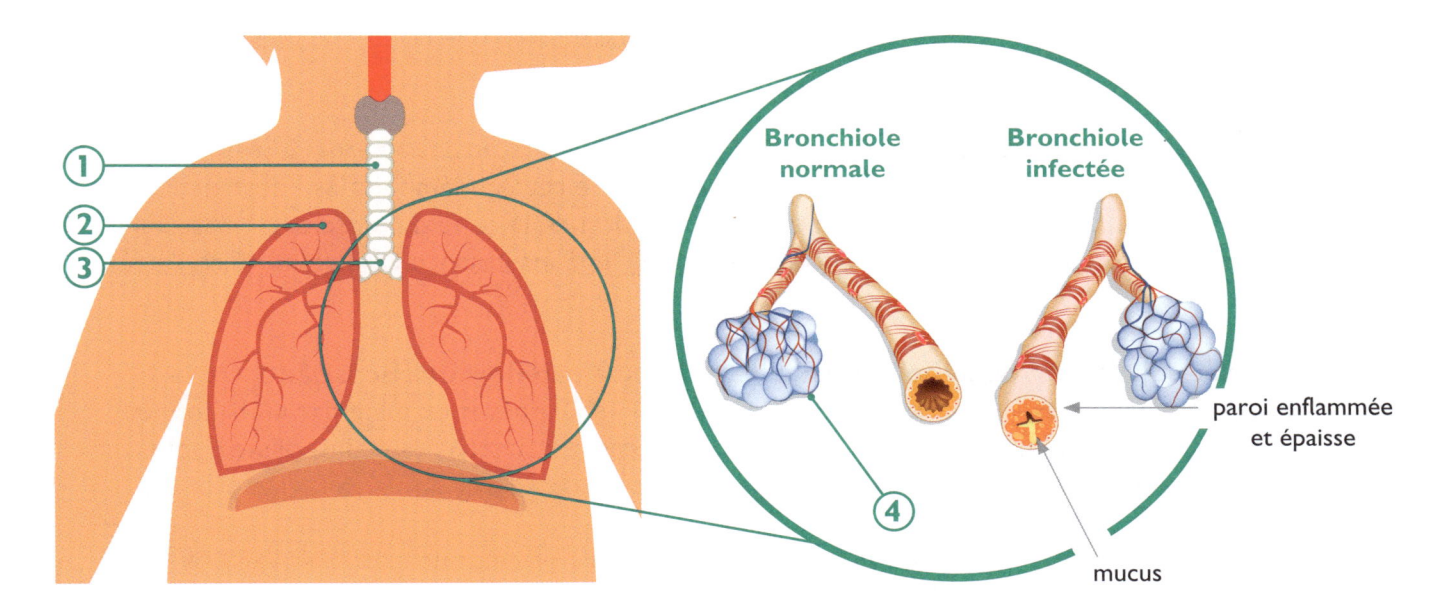

1. COCHE la(les) proposition(s) correcte(s) :
   - ☐ L'air inspiré renferme une plus faible quantité de dioxygène.
   - ☐ L'air arrive moins facilement dans les alvéoles.
   - ☐ L'entrée d'air dans les bronchioles est plus faible.
   - ☐ L'air arrive moins facilement dans les bronches.

2. NOMME les organes numérotés sur le schéma :

   1. ....
   2. ....
   3. ....
   4. ....

Exercices en autonomie

QUESTION 7

Document :

Le cœur est un muscle qui est alimenté en sang, donc en oxygène et en nutriments, par des artères appelées coronaires.

Des plaques de graisse peuvent se former le long de la paroi de ces artères. **L'infarctus du myocarde** (muscle cardiaque) est déclenché par le rétrécissement puis l'obstruction **d'une de ces artères**. Des problèmes de contraction de la zone du muscle qui n'est plus irriguée, se manifestent par des troubles du rythme, une insuffisance cardiaque, voire l'arrêt du cœur.

La seule solution est de **déboucher l'artère le plus rapidement possible** après le début des symptômes. Pour ce faire, on introduit un fin cathéter terminé par un ballonnet que l'on gonfle lorsqu'il est au niveau du rétrécissement. L'artère reste ainsi dilatée pour autant que les plaques qui la bouchaient ne soient pas trop durcies.

Un petit ressort en mailles métalliques appelé **stent** est placé pour maintenir l'artère ouverte lorsqu'on retire le ballonnet.

Cette opération appelée **angioplastie** est illustrée ci-dessous :

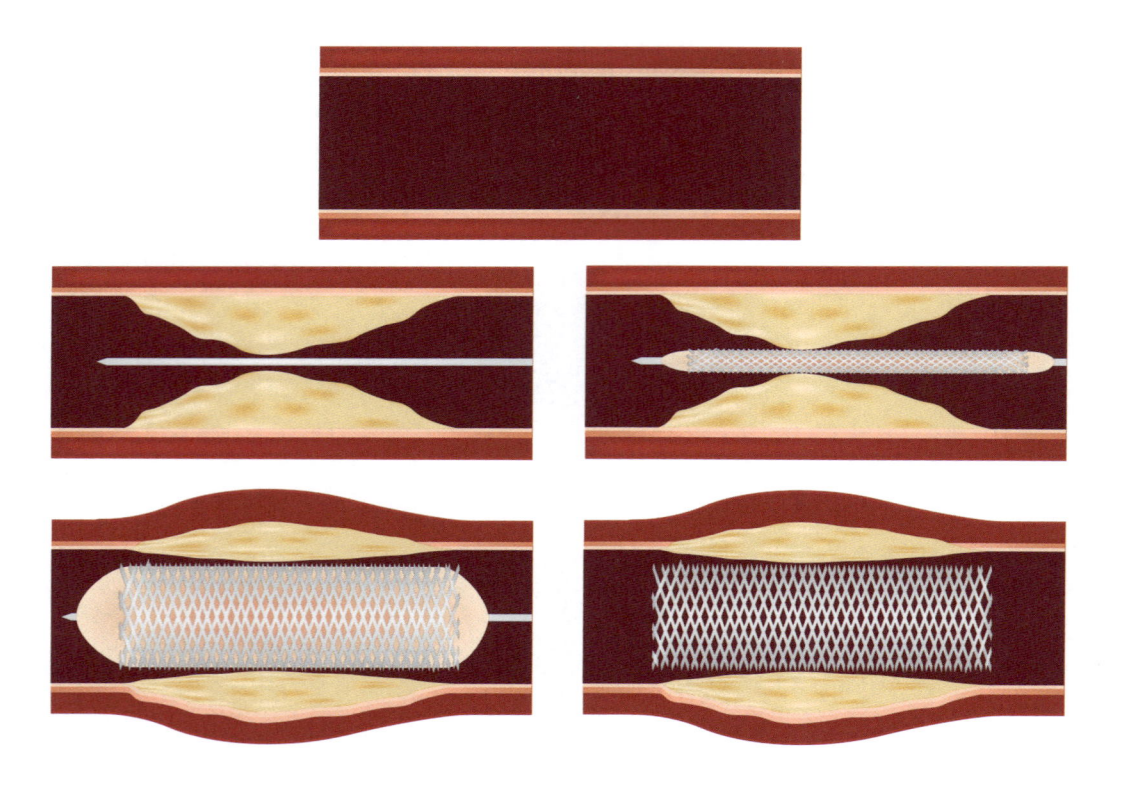

Exercices en autonomie

1. EXPLIQUE précisément pourquoi le muscle cardiaque qui est situé après le rétrécissement ne se contracte plus.

   ....
   ....
   ....
   ....

2. CITE les causes possibles de l'apparition des plaques de graisse dans les artères.

   ....
   ....
   ....
   ....

3. CITE le cas où l'angioplastie n'est pas envisageable.

   ....
   ....
   ....
   ....

4. JUSTIFIE le fait que la formation de plaques de graisse se produise au niveau d'une artère et non d'une veine.

   ....
   ....
   ....
   ....
   ....
   ....

Exercices en autonomie

QUESTION 8

Document 1

Pendant la période d'allaitement, une partie des aliments ingurgités par la maman sont transformés pour nourrir son bébé.

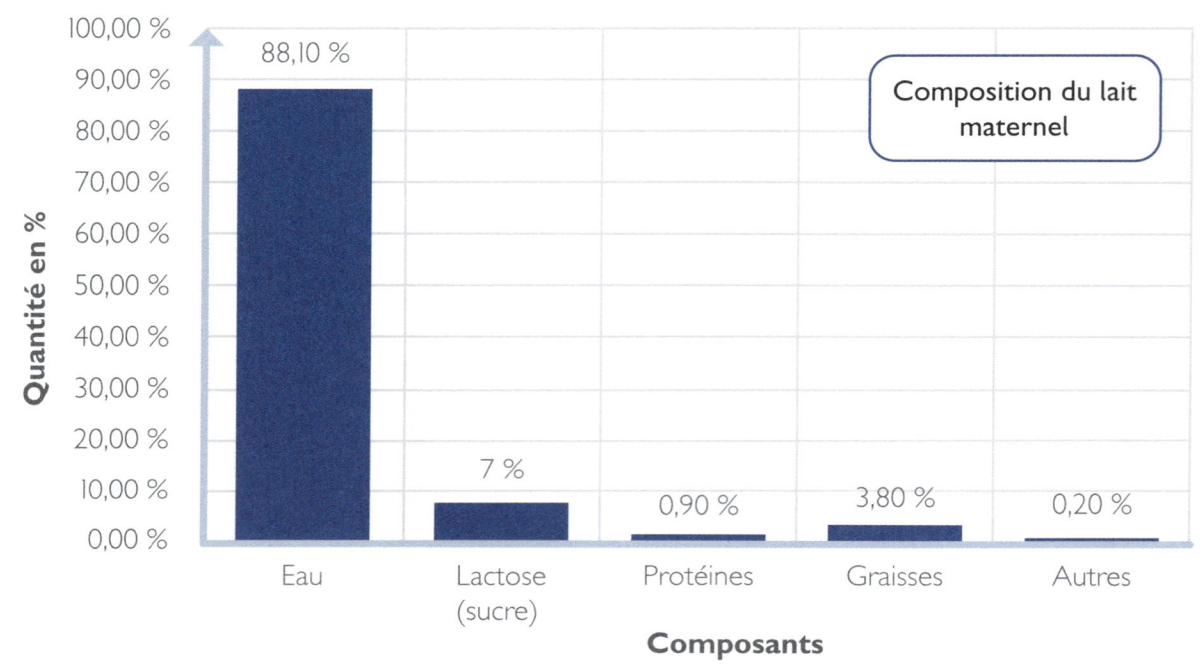

Composition du lait maternel

Composants	Quantité en %
Eau	88,10 %
Lactose (sucre)	7 %
Protéines	0,90 %
Graisses	3,80 %
Autres	0,20 %

Document 2

Quelques conseils pour les mamans qui allaitent :

- Avoir une alimentation variée et équilibrée.
- Manger des aliments sains.
- Manger plus, selon la faim ressentie, car allaiter demande de l'énergie. Manger trois repas complets par jour ainsi que quelques collations.
- Boire en suffisance (environ 2 litres par jour).
- Éviter le thé et le café car ils renferment des excitants.
- Éviter évidemment l'alcool et les boissons énergisantes qui contiennent des substances dangereuses pour le bébé.

Exercices en autonomie

1. DÉCRIS la transformation des aliments en lait maternel en détaillant les différentes étapes.

2. Les mamans qui allaitent reçoivent le conseil suivant : « Manger plus, selon la faim ressentie… ». JUSTIFIE ce conseil.

3. JUSTIFIE aussi le conseil : « Boire en suffisance (environ 2 litres par jour) ».

Exercices en autonomie

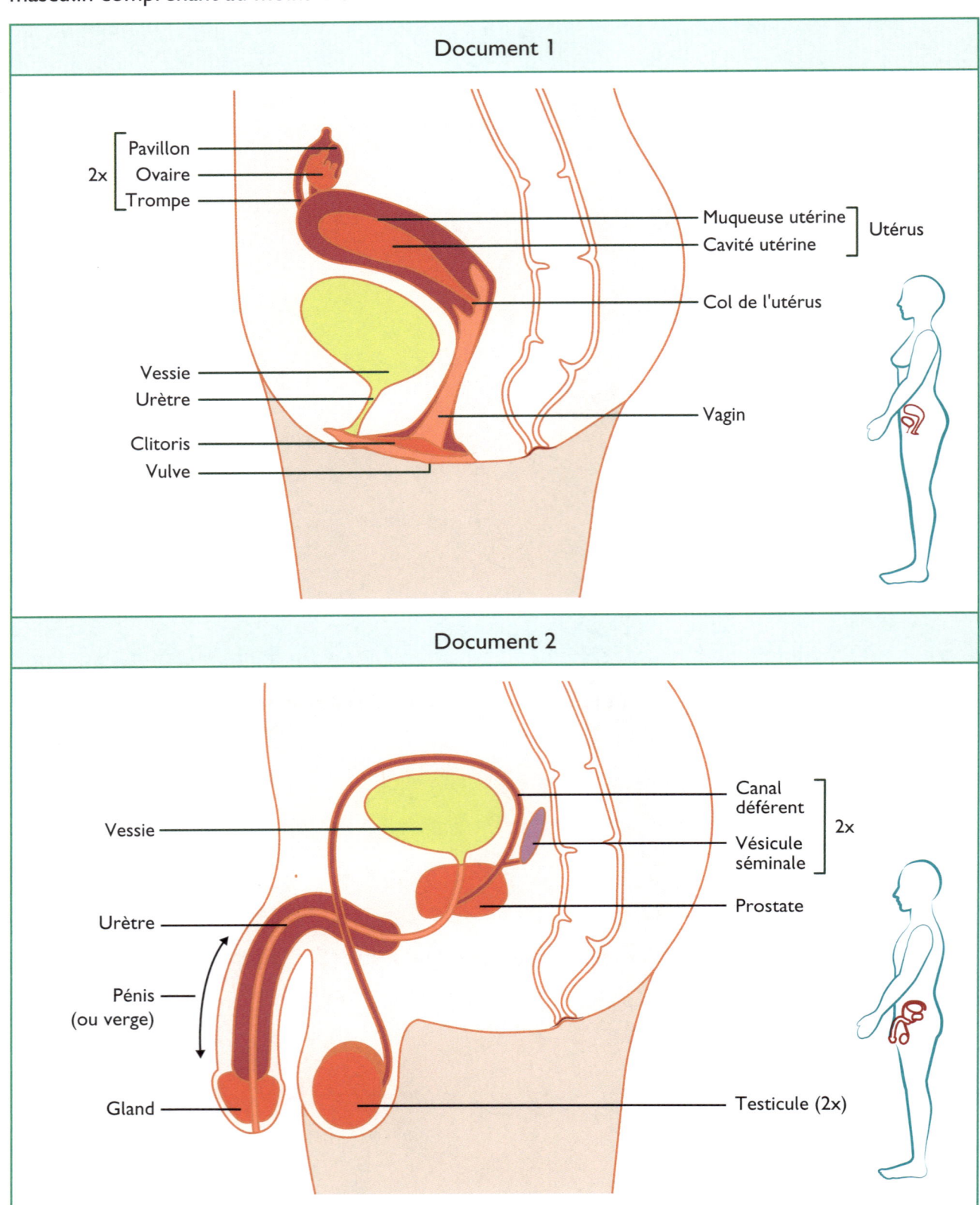

QUESTION 9

CONSTRUIS un tableau de comparaison structuré des appareils reproducteurs féminin et masculin comprenant au moins 4 critères.

Document 1

- 2x : Pavillon, Ovaire, Trompe
- Utérus : Muqueuse utérine, Cavité utérine
- Col de l'utérus
- Vessie
- Urètre
- Clitoris
- Vulve
- Vagin

Document 2

- Vessie
- Urètre
- Pénis (ou verge)
- Gland
- 2x : Canal déférent, Vésicule séminale
- Prostate
- Testicule (2x)

Exercices en autonomie

Tableau de comparaison des appareils reproducteurs féminin et masculin

Exercices en autonomie

QUESTION 10

Document : La reproduction humaine

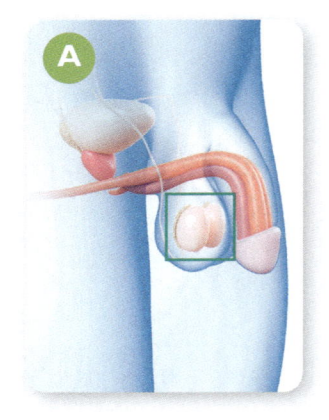

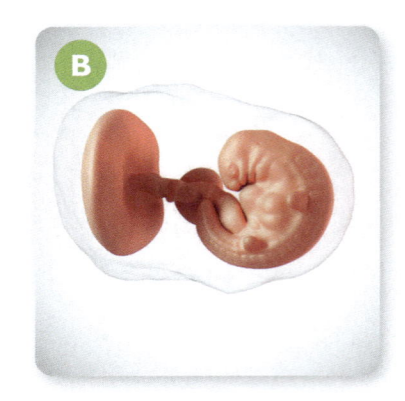

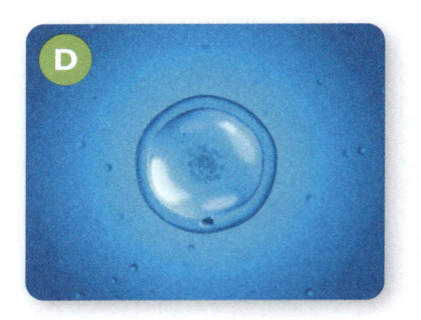

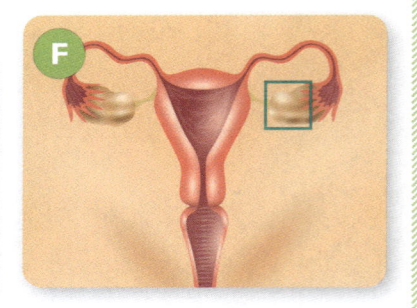

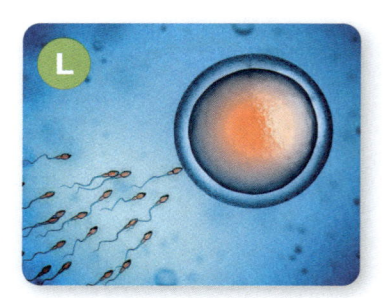

Exercices en autonomie

1. NOMME ce qui est représenté (ou encadré) sur chacune des 8 photos citées ci-dessous :

   A. ....   F. ....
   B. ....   G. ....
   C. ....   J. ....
   D. ....   L. ....

2. COMPLÈTE le cycle de vie ci-dessous en notant les lettres correspondant aux photos de la page précédente.

   TRACE les flèches pour représenter le cycle de vie en utilisant différentes couleurs (ou des traits différents) selon leur signification.

   INDIQUE la signification de ces flèches dans la légende.

Cycle de vie :

Légende :

Types de flèches   *Signification*

Exercices en autonomie

QUESTION 11

Document 1:

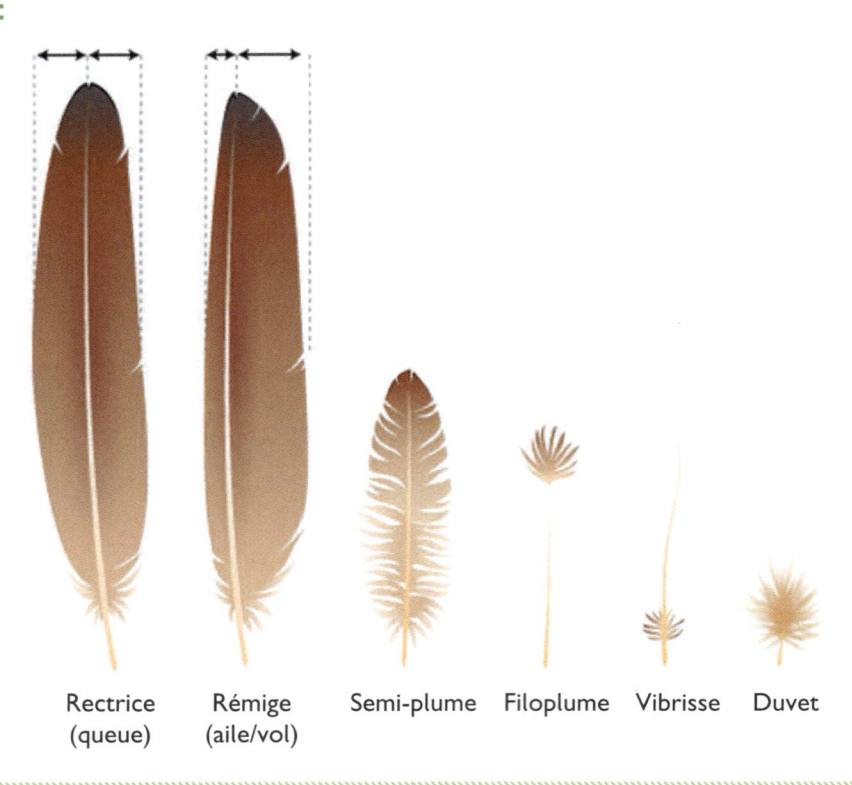

Rectrice (queue) — Rémige (aile/vol) — Semi-plume — Filoplume — Vibrisse — Duvet

© www.askabiologist.asu.edu

Document 2:

La température moyenne du corps d'un oiseau est voisine de 40°C.
Sa survie dépend de l'état de son plumage. Le nombre de plumes varie selon les saisons, elles sont plus nombreuses en hiver.
Les plumes duveteuses sont légères, petites et leurs barbes ne sont pas enchevêtrées. Chez certaines espèces comme les canards, le duvet est très abondant.

Document 3:

En hiver, les oiseaux ébouriffent leurs plumes.
Ils emprisonnent ainsi de l'air dans leur plumage.

Exercices en autonomie

1. CITE deux adaptations qui permettent à l'oiseau de conserver une température corporelle constante.

   - ....

     ....

   - ....

     ....

2. EXPLIQUE pourquoi les oiseaux ébouriffent leurs plumes en hiver afin d'y emprisonner de l'air.

   ....

   ....

   ....

3. CITE une utilisation de ces plumes par l'homme pour se protéger en hiver.

   ....

   ....

   ....

Exercices en autonomie

QUESTION 12

En période de Noël, de nombreuses décorations illuminent les fenêtres des maisons.

Imagine que la 3ᵉ ampoule de la verticale « D » de la guirlande illustrée ci-dessus grille et que, suite à cet évènement, les autres ampoules de la verticale « D » s'éteignent également.

COCHE les termes adéquats pour décrire la construction de cette guirlande :

- Dans la verticale « D », les ampoules sont associées en :
  - ☐ Série
  - ☐ Parallèle
- L'ensemble des 5 verticales sont associées entre elles en :
  - ☐ Série
  - ☐ Parallèle

Exercices en autonomie

QUESTION 13

Voici un circuit assez classique :

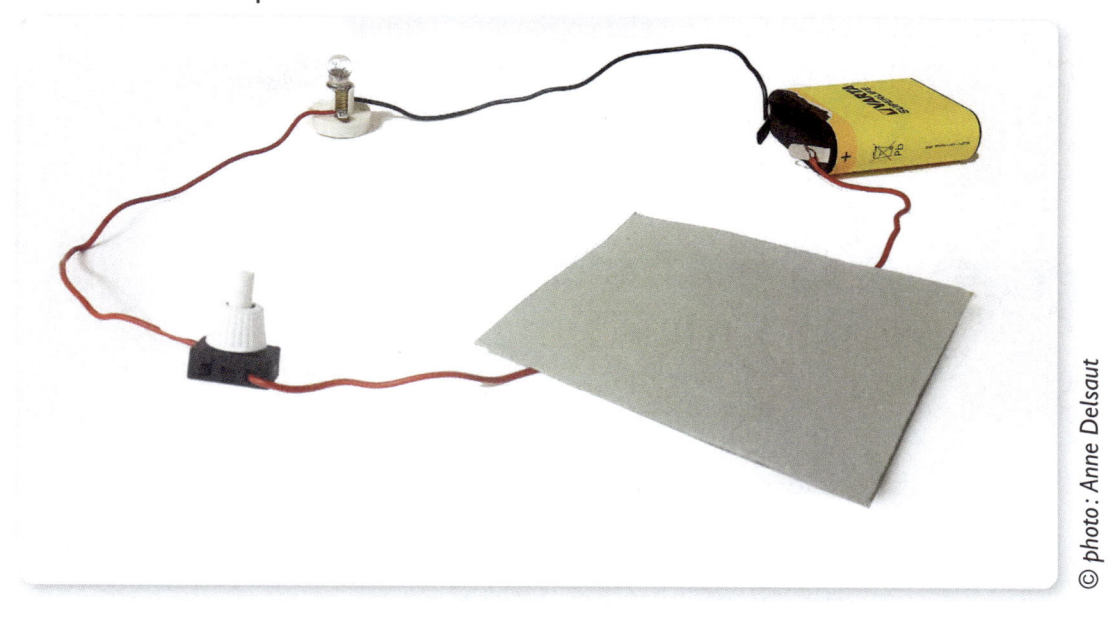

1. INDIQUE les éléments visibles composant ce circuit, sachant que sous le carton se cache un élément non identifiable :

   ....

   ....

2. Comme tu peux le constater, dans ce circuit, l'ampoule ne s'allume pas.

   ÉMETS cinq hypothèses expliquant cette situation. Pour chaque hypothèse, PROPOSE un mode opératoire permettant de la vérifier.

Hypothèses	Modes opératoires

Exercices en autonomie

QUESTION 14

Une personne se promène sur la plage. Soudain, elle est poursuivie par un chien. Voici les traces qu'elle laisse sur le sable au moment où elle commence à courir.

1. MODÉLISE ci-dessous la force de 200 N exercée par le pied sur le sol ainsi que son interaction.

    Sol

2. TRADUIS ce modèle en phrases grâce aux photographies.

3. CITE les effets de la force exercée par le pied sur le sable.

4. CITE les effets de la force exercée par le sol sur le pied.

5. JUSTIFIE la proposition : « La pression a été plus grande au niveau des orteils que du reste du pied. »

Exercices en autonomie

QUESTION 15

Lorsque j'utilise un moteur de recherche sur Internet pour trouver une illustration sur le poids, il me propose 2 types de photographies :

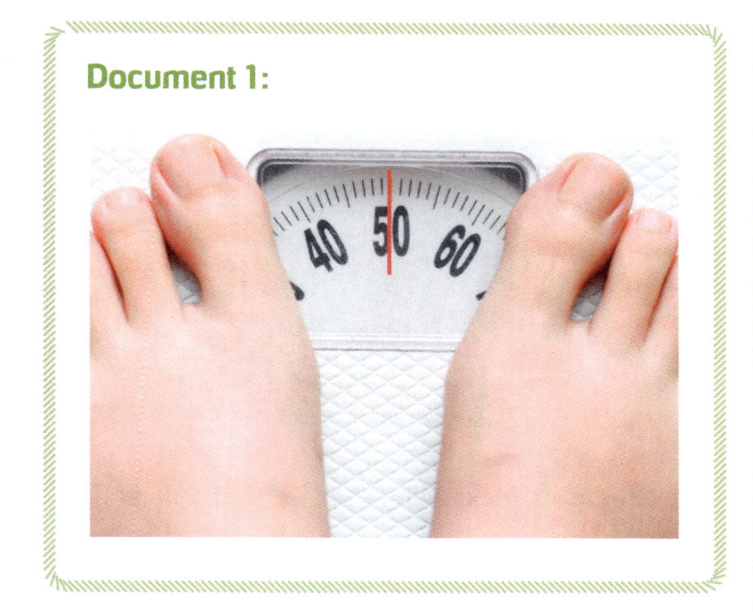

Document 1 :

Document 2 :

© photo : Anne Delsaut

1. CITE le document qui illustre le mieux la grandeur physique qu'est le poids.

2. JUSTIFIE ton choix en utilisant les termes scientifiques corrects.

3. DONNE la valeur et l'unité du poids pour la photographie que tu as choisie.

Exercices en autonomie

QUESTION 16

Pendant ses vacances, Maximilien a entendu dire que, dans certains pays où l'eau douce est rare, on dessalait l'eau de mer. Il veut réaliser ce dessalement. Pour ce faire, il va prélever un peu d'eau de mer à la plage. Il y a aussi un peu de sable et de coquillages dans son récipient. Il hésite sur les méthodes à utiliser et sur l'ordre des opérations à respecter.

1. NOMME le type de mélange formé par le prélèvement de Maximilien représenté sur la photo ci-dessus.

2. CITE le but recherché par Maximilien.

3. COCHE la proposition dans laquelle les méthodes de séparation sont correctes et citées dans l'ordre chronologique afin d'aider Maximilien.

   ☐ Décantation, triage puis filtration.   ☐ Triage, décantation puis évaporation.
   ☐ Filtration, décantation puis triage.   ☐ Décantation, filtration puis distillation.
   ☐ Décantation, filtration, triage puis distillation.   ☐ Évaporation, triage puis tamisage.

4. JUSTIFIE ton choix en citant ce que tu retires du mélange à chaque étape :

Exercices en autonomie

QUESTION 17

À peine installée dans l'avion, Noémie gonfle son coussin cervical afin de dormir confortablement pendant le long voyage qui l'attend. En plein vol, elle se réveille car elle est gênée par ce coussin qui est trop gonflé.

Comment cela est-il possible ?

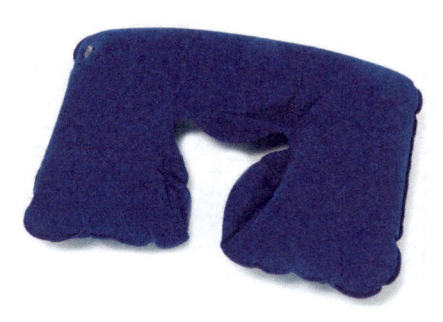

1. NOMME le facteur physique qui explique ce phénomène. ....

2. MODÉLISE les molécules présentes dans le coussin avant et après.

   Au décollage   **En vol**

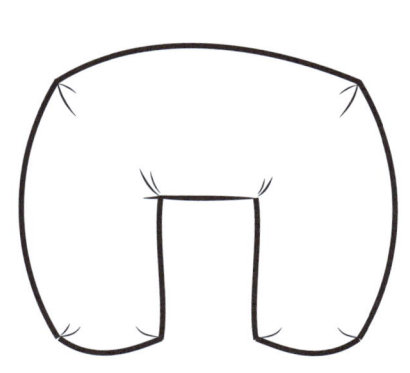

3. JUSTIFIE ta représentation en utilisant les termes scientifiques adéquats :

   ....
   ....
   ....

4. DÉCRIS le coussin à l'atterrissage :

   ....
   ....

5. CITE un autre facteur physique qui provoquerait les mêmes observations, c'est-à-dire un coussin plus gonflé alors qu'il est resté au même endroit et que personne ne l'a touché.

   ....

Exercices en autonomie

QUESTION 18

Document :

Tableau de l'évolution de la pression atmosphérique et de la température d'ébullition de l'eau en fonction de l'altitude

Altitude (m)	Pression (hPa)	Température d'ébullition (°C)
0	1013	100
2000	795	93
4000	616	87
6000	472	80

1. CONSTRUIS le graphique de l'évolution de la température d'ébullition de l'eau en fonction de l'altitude.

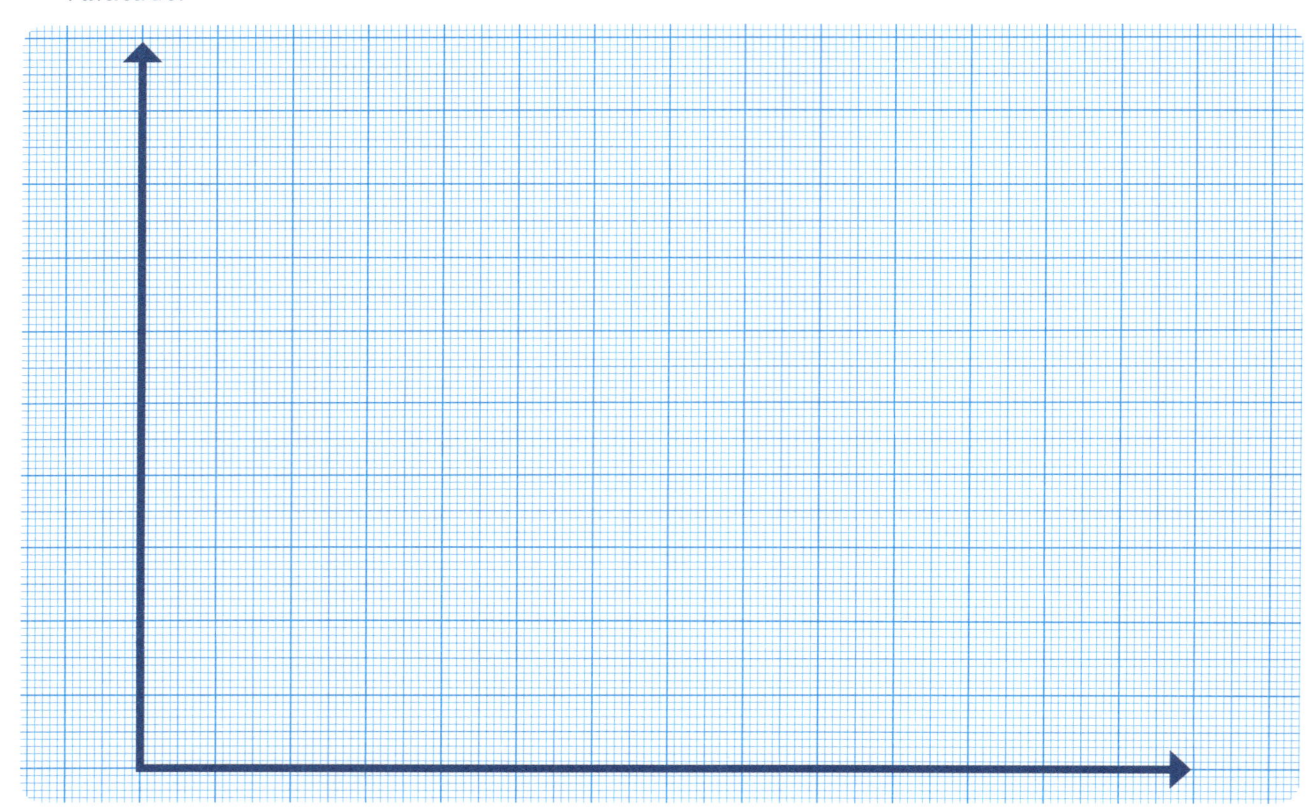

2. INDIQUE si la température d'ébullition de l'eau sera plus élevée au sommet du mont Blanc (4810 m) ou de l'Himalaya (8848 m) ?

3. JUSTIFIE ta réponse grâce aux éléments présents dans le tableau.

Exercices en autonomie

QUESTION 19

En classe, un groupe d'élèves doit schématiser un verre d'eau contenant un glaçon. Ce verre est posé sur la table mais parfois, le professeur le penche doucement.

Voici les schémas réalisés par 5 de ces élèves :

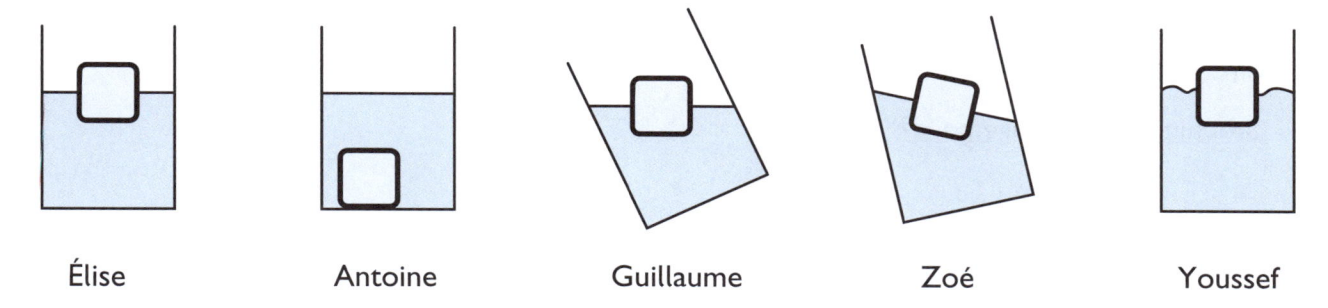

| Élise | Antoine | Guillaume | Zoé | Youssef |

1. CITE les prénoms de ceux qui ont réalisé un schéma correct.

2. NOMME les changements d'états qui auraient lieu si on chauffait le verre d'eau contenant le glaçon.

Exercices en autonomie

QUESTION 20

Des élèves réalisent une expérience durant laquelle ils chauffent de manière constante trois substances différentes et mesurent leur température toutes les x minutes. Voici les trois graphiques qu'ils ont pu réaliser à partir de leurs relevés.

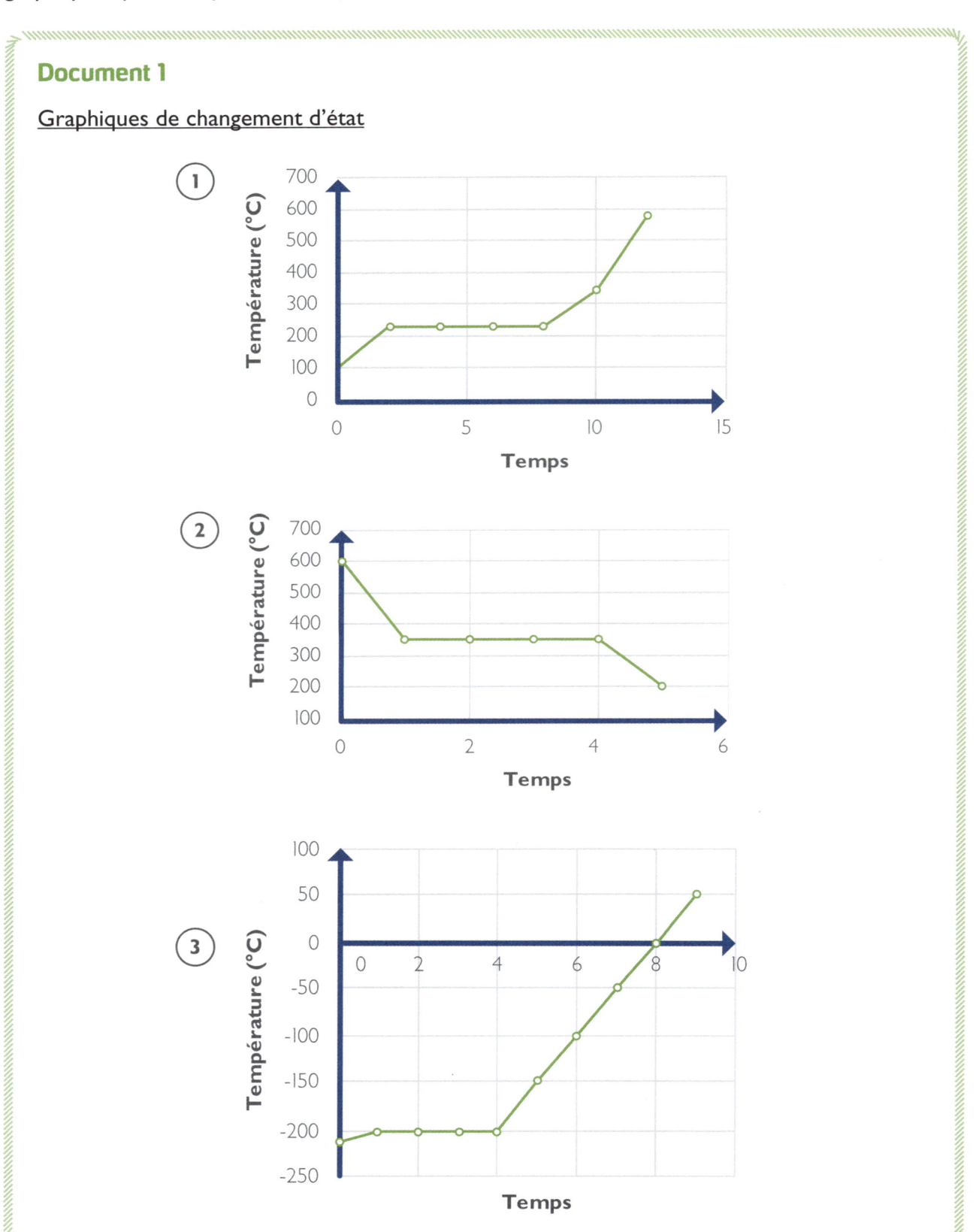

Document 1

Graphiques de changement d'état

① Graphique : Température (°C) en fonction du Temps — palier à environ 225 °C entre 2 et 8 minutes, puis montée jusqu'à environ 580 °C à 12 minutes.

② Graphique : Température (°C) en fonction du Temps — départ à environ 600 °C, descente à 350 °C, palier à 350 °C entre 1 et 4 minutes, puis descente à environ 200 °C à 5 minutes.

③ Graphique : Température (°C) en fonction du Temps — palier à environ -200 °C entre 0 et 4 minutes, puis montée jusqu'à environ 50 °C à 9 minutes.

Exercices en autonomie

Document 2

Substances	Températures de fusion (°C)	Températures de vaporisation (°C)
A	- 209,9	- 196
B	- 39	357
C	231,9	2602

1. Grâce au document 2, PRÉCISE sous quel état (solide, liquide ou gazeux) sont les différentes substances si la température ambiante est de 20°C.

   A : ....

   B : ....

   C : ....

2. COMPLÈTE le tableau suivant en utilisant les renseignements des documents 1 et 2.

Graphiques	①	②	③
Lettre de la substance concernée			
Nom du changement d'état			

Expériences guidées

1. Les céréales métalliques 78
2. La fontaine 79
3. La canette écrasée 80

Pour ces trois expériences, aide-toi de la fiche *Rédiger un rapport de laboratoire* de la partie « Fiches outils et rappels » (p. 13).

Expériences guidées

EXPÉRIENCE 1 : LES CÉRÉALES MÉTALLIQUES

REGARDE la vidéo n°1 sur le site www.editionserasme.be/sentrainer_secondaire, puis RÉALISE le rapport en complétant les étapes demandées.

1. Matériel et produits

   ....

   ....

   ....

   ....

2. Mode opératoire

   ....

   ....

   ....

   ....

   ....

3. Observation(s)

   ....

   ....

NOMME avec précision le phénomène physique observé :

....

EXPLIQUE de façon scientifique le phénomène observé :

....

....

....

Expériences guidées

EXPÉRIENCE 2 : LA FONTAINE

REGARDE la vidéo n°2 sur le site www.editionserasme.be/sentrainer_secondaire, puis RÉALISE le rapport en complétant les étapes demandées.

1. Matériel et produits

2. Mode opératoire

3. Observation(s)

NOMME avec précision le phénomène physique observé :

EXPLIQUE de façon scientifique le phénomène observé :

Expériences guidées

EXPÉRIENCE 3 : LA CANETTE ÉCRASÉE

REGARDE la vidéo n°3 sur le site www.editionserasme.be/sentrainer_secondaire, puis RÉALISE le rapport en complétant les étapes demandées.

1. Matériel et produits

2. Mode opératoire

3. SCHÉMATISE la canette au début et à la fin de l'expérience.

DÉBUT	FIN

Expériences guidées

4. Observation(s)

....

....

NOMME avec précision le phénomène physique observé :

....

EXPLIQUE de façon scientifique le phénomène observé :

....

....

....

....

....

....

Expériences en autonomie

4. Le ballon renversé 84
5. La lanterne volante 85
6. La bouteille de verre coupée en deux 86

Pour ces trois expériences, tu ne peux pas t'aider de la fiche « Rédiger un rapport de laboratoire ». Tu dois maintenant avoir compris le truc !

Expériences en autonomie

Expériences en autonomie

EXPÉRIENCE 4 : LE BALLON RENVERSÉ

REGARDE la vidéo n°4 sur le site www.editionserasme.be/sentrainer_secondaire, puis RÉALISE le rapport en complétant les étapes demandées.

1. Matériel et produits

2. Mode opératoire

3. Observation(s)

NOMME avec précision le phénomène physique observé :

EXPLIQUE de façon scientifique le phénomène observé :

Expériences en autonomie

EXPÉRIENCE 5 : LA LANTERNE VOLANTE

REGARDE la vidéo n°5 sur le site www.editionserasme.be/sentrainer_secondaire, puis RÉALISE le rapport en complétant les étapes demandées.

1. Matériel et produits

    ....

    ....

2. Mode opératoire

    ....

    ....

    ....

    ....

    ....

3. Observation(s)

    ....

    ....

NOMME avec précision le phénomène physique observé :

....

EXPLIQUE de façon scientifique le phénomène observé :

....

....

....

....

Expériences en autonomie

EXPÉRIENCE 6 : LA BOUTEILLE DE VERRE COUPÉE EN DEUX

REGARDE la vidéo n°6 sur le site www.editionserasme.be/sentrainer_secondaire, puis RÉALISE le rapport en complétant les étapes demandées.

1. Matériel et produits

   ....
   ....
   ....
   ....
   ....

2. Mode opératoire

   ....
   ....
   ....
   ....
   ....
   ....
   ....
   ....

3. SCHÉMATISE et légende le résultat final, dans la bassine.

Expériences en autonomie

4. Observation(s)

....

....

NOMME avec précision le phénomène physique observé :

....

EXPLIQUE de façon scientifique le phénomène observé :

....

....

....

....

....

....

Corrigé

Corrigé

Évolution de la taille du cresson en fonction du temps

Échelles :
Y : 1 cm → 1 cm
X : 1 cm → 1 jour

EXERCICES GUIDÉS
Les êtres vivants

QUESTION 1

Graphique :

1. **Titre pour ce graphique :**
   Évolution de la taille de la plante de cresson en fonction du temps.

2. **Croissance du cresson :**
   Plus la plante de cresson vieillit, plus sa taille augmente.
   Ou : la croissance du cresson est régulière en fonction du temps.

QUESTION 2

1. **Titre du graphique :**
   Évolution de la longueur d'un phasme en fonction de son âge.

2. **Analyse :**
   - À sa naissance : 10 mm → 1 cm
   - À 110 jours : 50 mm → 5 cm
   - À 120 jours : 65 mm → 6,5 cm

3. **Comparaison de la croissance du phasme et de celle de l'enfant :**
   La croissance du phasme s'effectue en paliers. Le phasme alterne les périodes de croissance avec des périodes où sa taille ne varie pas.
   Par contre, plus l'enfant vieillit, plus sa taille augmente : sa croissance est continue et régulière.

4. **Justification de la croissance très particulière du phasme :**
   Le phasme grandit par mues successives.

QUESTION 3

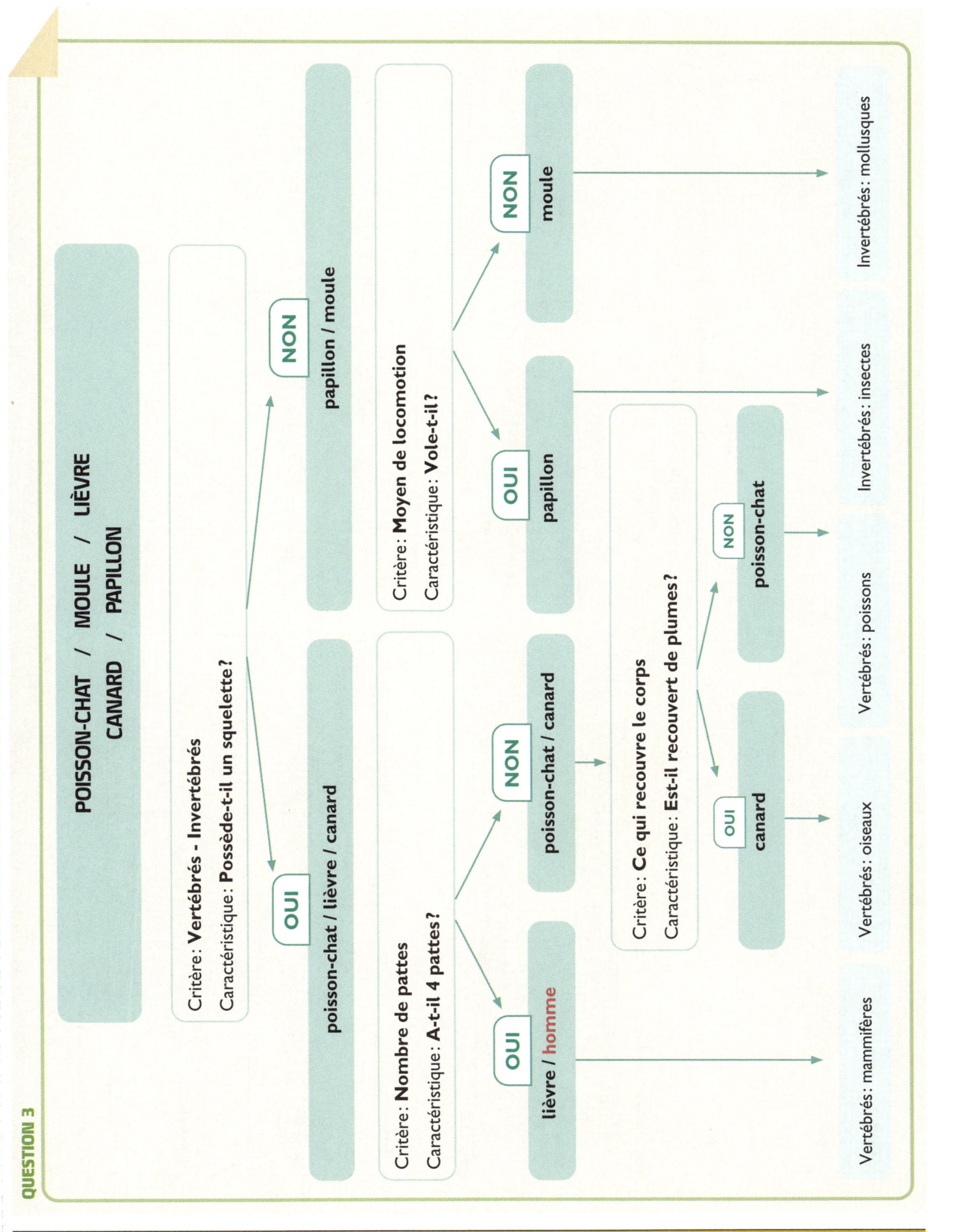

Corrigé ✓

POISSON-CHAT / MOULE / LIÈVRE / CANARD / PAPILLON

Critère : **Vertébrés - Invertébrés**
Caractéristique : **Possède-t-il un squelette ?**

- **OUI** → poisson-chat / lièvre / canard
- **NON** → papillon / moule

Critère : **Nombre de pattes**
Caractéristique : **A-t-il 4 pattes ?**

- **OUI** → lièvre / **homme**
- **NON** → poisson-chat / canard

→ Vertébrés : mammifères

Critère : **Moyen de locomotion**
Caractéristique : **Vole-t-il ?**

- **OUI** → papillon → Invertébrés : insectes
- **NON** → moule → Invertébrés : mollusques

Critère : **Ce qui recouvre le corps**
Caractéristique : **Est-il recouvert de plumes ?**

- **OUI** → canard → Vertébrés : oiseaux
- **NON** → poisson-chat → Vertébrés : poissons

Corrigé

QUESTION 4

Critères possibles de comparaison :

1. Chapeau : taille, forme, couleur (ne pas utiliser alors comme critère 3)
2. Pied : forme, couleur (ne pas utiliser alors comme critère 3)
3. Couleur (chapeau, pied)
4. Chair
5. Anneau
6. Lamelles
7. Tubes
8. Milieu de vie
9. Période de pousse

Tableau de comparaison :

CRITÈRES	BOLET DE BORDEAUX	GIROLE
Chapeau • Diamètre • Forme • Couleur	- 4 à 12 cm - Convexe puis plus ou moins étalé - Brun clair à foncé	- 4 à 10 cm - Convexe puis en coupe - Jaune orangé
Pied • Hauteur • Forme • Couleur	 - Cylindrique - Brun clair à foncé	- 4 à 7 cm - Courbé, plus mince à la base - Jaune orangé
Chair • Consistance • Couleur	 - Ferme - Blanche	 - Ferme et épaisse - Blanc crème
Anneau • Forme • Couleur	 - Mince, membraneux - Blanchâtre	 - Absence
Lamelles	Absence	Assez serrées
Tubes	Jaune soufré	Absence
Milieu de vie	Clairière ombragée	- Bois de feuillus et résineux - Sol acide
Période de pousse	Été et automne	Fin aout à fin octobre

Ce tableau reprend plus de 5 critères de comparaison, les tiens doivent s'y trouver.

QUESTION 5

1. Chaîne alimentaire et le vocabulaire pour chaque maillon :

Acacia → Termite → Lézard → Vipère de l'Erg → Hérisson ou Grand-duc

2.	3.	4.	5.	1.
Producteur	C1	C2	C3	Prédateur

Signification des flèches dans les chaines alimentaires : « est mangé par ».

2. Identification dans le document :
a) un omnivore : le lézard
b) un carnivore : la vipère, le Grand-duc, le hérisson

3. Tableau à compléter :

Producteurs	Consommateurs primaires	Consommateurs secondaires	Consommateurs tertiaires	Prédateurs
Acacias Graminées Oseilles sauvages	Gazelles dorcas Termites Chameau Lézard	Lézard Hérisson Vipère de l'Erg	Vipère de l'Erg Hérisson	Grand-duc Parfois : Hérisson Vipère de l'Erg

Corrigé

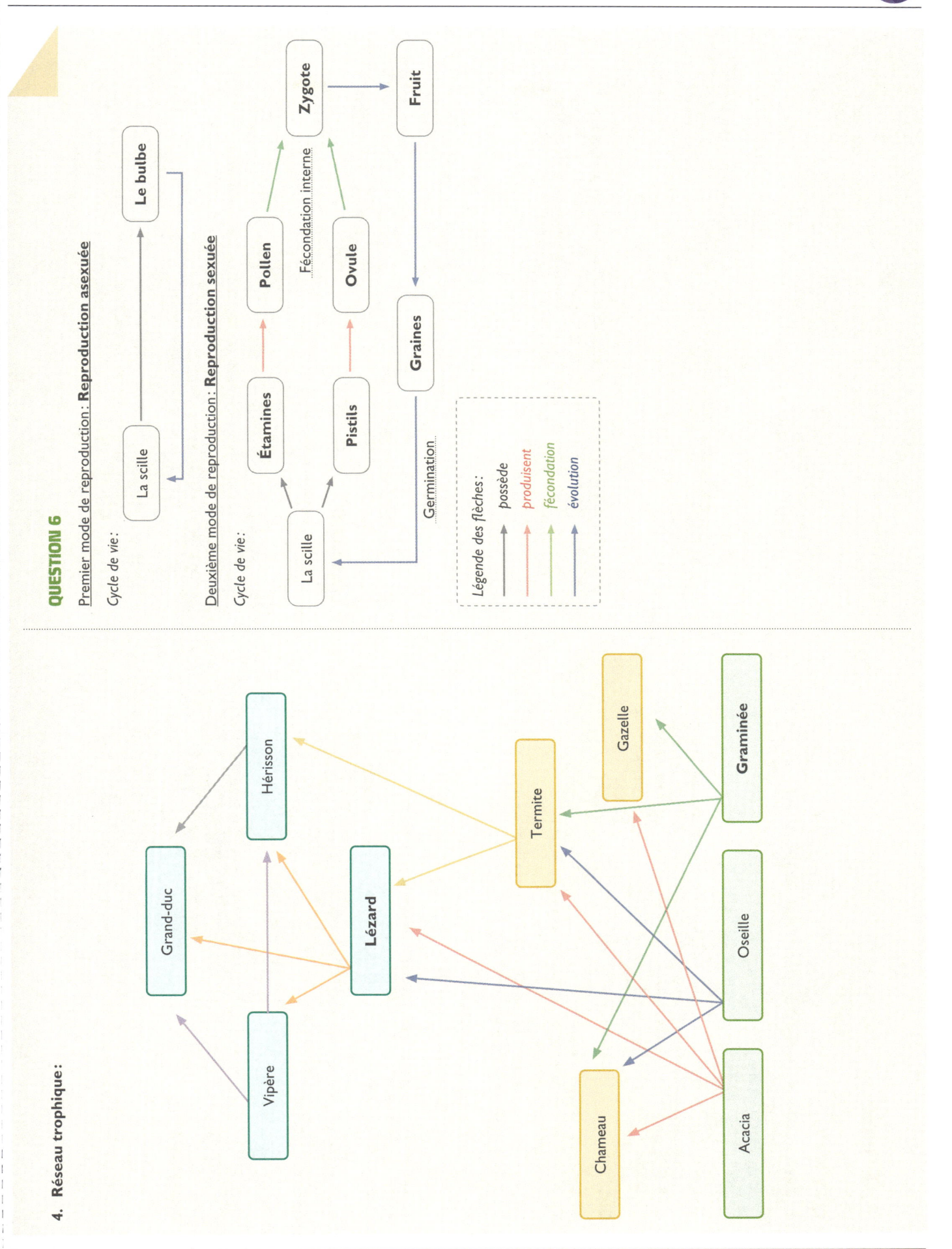

QUESTION 6

Premier mode de reproduction : **Reproduction asexuée**

Cycle de vie :

La scille → Le bulbe → La scille

Deuxième mode de reproduction : **Reproduction sexuée**

Cycle de vie :

La scille → Étamines → Pollen
La scille → Pistils → Ovule
Pollen + Ovule → Zygote (Fécondation interne)
Zygote → Fruit → Graines → La scille (Germination)

Légende des flèches :
- possède (gris)
- produisent (rouge)
- fécondation (vert)
- évolution (bleu)

4. Réseau trophique :

Graminée → Gazelle, Termite, Oseille
Acacia → Chameau, Gazelle, Termite
Oseille → Termite
Termite → Lézard
Lézard → Hérisson, Grand-duc, Vipère
Vipère → Grand-duc
Hérisson ↔ Grand-duc

Corrigé

Énergie

QUESTION 7

1. Les 3 transformateurs d'énergie présents sur le toit sont:
   A. Une éolienne
   B. Un panneau solaire (thermique)
   C. Un panneau photovoltaïque (photoélectrique)

2. Les chaînes énergétiques pour les différents transformateurs sont:
   A. **Énergie** mécanique « éolienne » → **Énergie** électrique
   B. **Énergie** lumineuse → **Énergie** thermique
   C. **Énergie** lumineuse → **Énergie** électrique

QUESTION 8

1. Les propositions correctes:
   ☑ La force exercée par l'air sur la voile a la même intensité que la force exercée par la voile sur l'air.
   ☑ La force exercée par l'air sur la voile est de sens contraire à la force exercée par la voile sur l'air.

2. Le principe est appelé: Forces réciproques ou interaction
   (Remarque: le point d'application de ces forces est donc différent)

3. Les effets de la force exercée par l'air sur la voile sont:
   - Déformation temporaire de la voile
   - Mise en mouvement de la voile (et par la suite de la planche à voile)

4. Modélisation de la force exercée par l'air sur la voile:

   $F_{A/V}$ ou F air/voile

   Le sens de la force est vers la droite (vers l'est).
   Tu peux placer son point d'application où tu veux sur la voile.
   Son intensité n'étant pas précisée, tu choisis la longueur du vecteur force.

QUESTION 9

1. Les propositions correctes sont:
   ☑ La douleur est moins intense sur le pouce.
   ☑ Les forces exercées sur les deux doigts ont la même intensité.
   ☑ La pression du crayon est plus petite sur le pouce.

2. Justifications:
   La mine présentant une surface plus petite, l'enfoncement sera plus important au niveau de l'index. C'est donc lui qui ressent plus la douleur, car il est soumis à la pression la plus grande.
   La pression est d'autant plus grande que la <u>surface pressée</u> est petite.
   La variable non mentionnée est la surface sur laquelle la force est appliquée.

3. Proposition de deux techniques:
   - Diminuer la surface pressée afin d'augmenter la pression en utilisant un objet pointu: aiguille, pointe de compas, de crayon, de stylo bille...
   - Augmenter la force de pression afin d'augmenter la pression en appuyant très fort sur le ballon avec les deux mains ou en s'assoyant sur le ballon...

> **Attention**
> Si tu as proposé une technique dans laquelle tu utilises la chaleur pour que le caoutchouc fonde ou que le volume du ballon augmente, tu n'as pas tort mais tu n'exploites pas les données du début de la question: pression, force de pression, surface pressée.

Air, eau et sol

QUESTION 10

1. La proposition correcte est:
   ☑ La substance A est un corps pur.

   Justification:
   Les molécules sont toutes identiques (un ● représente une molécule de la substance A).

2. La proposition correcte est:
   ☑ La substance B est un mélange homogène.

   Justification:
   La substance B est un mélange car elle est composée de molécules différentes (2 types: ● et ●). Le mélange est homogène car les 2 types de molécules sont uniformément réparties.

Corrigé

QUESTION 12

1. Volume intérieur du récipient: 57 mL = 57 cm³ = 0,000057 m³

2. Identification des différentes substances:
Substance 1 : l'eau
Substance 2 : l'huile
Substance 3 : l'alcool

3. Justification des réponses en expliquant la démarche suivie:

a) Il faut soustraire la masse du récipient vide de la masse observée sur la balance pour chaque substance puis transformer en kilogramme:

- Masse de la substance 1 : 70,95 g − 14,10 g = 56,85 g = 0,05685 kg
- Masse de la substance 2 : 66,86 g − 14,10 g = 52,76 g = 0,05276 kg
- Masse de la substance 3 : 59,28 g − 14,10 g = 45,18 g = 0,04518 kg

b) La masse volumique étant la masse de l'unité de volume, il faut calculer le rapport m/V :

- Masse volumique de la substance 1 : 0,05685 kg/0,000057 m³ = 997 kg/m³ ce qui, aux imprécisions expérimentales près, correspond dans le tableau à l'eau.
- Masse volumique de la substance 2 : 0,05276 kg/0,000057 m³ = 925 kg/m³ ce qui, aux imprécisions expérimentales près, correspond dans le tableau à l'huile.
- Masse volumique de la substance 3 : 0,04518 kg/0,000057 m³ = 792 kg/m³ ce qui, aux imprécisions expérimentales près, correspond dans le tableau à l'alcool.

---

3. La substance qui se présente sous deux états de la matière: A car au dessus les molécules sont proches et rangées (état solide) et les autres sont plus écartées sans agitation modélisée (état liquide). Il pourrait, par exemple, s'agir d'un glaçon flottant sur l'eau.

4. La modélisation qui pourrait correspondre à celle de l'eau de mer: B car les 2 types de molécules sont mélangées. C'est la modélisation d'une solution (la substance solide est dissoute dans le liquide).

5. La modélisation qui pourrait correspondre à celle de l'eau distillée: A car elle n'est composée que d'un seul type de molécules.

Matière

QUESTION 11

Modélisations:

Pour le zinc   Pour le diamant

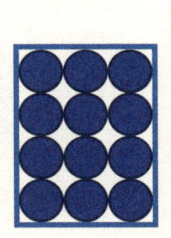

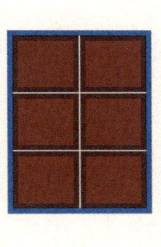

Tu dois dessiner:
- un même volume
- des modèles différents de molécule pour les 2 substances
- plus ou moins 2 fois plus de molécules pour le zinc (sa masse volumique est double)
- des molécules à distance constante et faible, rangées dans l'espace de manière ordonnée et immobile, car il s'agit de deux solides
- pour une même substance, les molécules doivent être identiques car il s'agit de corps purs et non de mélanges

Corrigé

EXERCICES EN AUTONOMIE

Les êtres vivants

QUESTION 1

1. **Signification des flèches :**
   « Est mangé par »

2. **Identification d'un autotrophe (ou producteur) :**
   Framboise OU jonquille OU blé

3. **Identification d'un prédateur qui n'est pas une proie :**
   La buse, car la vipère est la proie de la buse et sur ce réseau, la buse n'est pas mangée.

4. **Chaînes alimentaires à quatre maillons possibles :**
   Framboise (ou jonquille ou blé) → limace → grenouille → vipère
   Framboise (ou jonquille ou blé) → limace → grenouille → buse
   Framboise (ou jonquille ou blé) → limace → oiseau → vipère
   Framboise (ou jonquille ou blé) → limace → oiseau → buse
   Framboise (ou jonquille ou blé) → campagnol → vipère → buse
   Framboise (ou jonquille ou blé) → criquet → grenouille → vipère
   Framboise (ou jonquille ou blé) → criquet → grenouille → buse
   Framboise (ou jonquille ou blé) → criquet → oiseau → vipère
   Framboise (ou jonquille ou blé) → criquet → oiseau → buse
   Blé → oiseau → vipère → buse

5. **Identification du consommateur primaire de la chaine alimentaire :**
   Limace OU campagnol OU criquet OU oiseau

6. **Justification de l'expression « réseau trophique » :**
   C'est un ensemble de chaines alimentaires ayant au moins un maillon commun.

QUESTION 2

	LE GUÉPARD	LE CROCODILE	LA MÉSANGE	LE CHAMEAU
Classe animale	Mammifères	Reptiles	Oiseaux	Mammifères
Revêtement du corps	Poils	Écailles soudées	Plumes	Poils
Régime alimentaire	Carnivore	Carnivore	Omnivore	Herbivore
Nombre de dents	44 dents	66 dents	0 dent	34 dents
Caractéristiques circulatoires	Fermée, double, complète	Fermée, double, incomplète	Fermée, double, complète	Fermée, double, complète
Milieu de vie	Terrestre (sur terre)	Aquatique (en eau douce)	Terrestre (dans l'air)	Terrestre (sur terre)

Ce tableau reprend toutes les possibilités de critères. Les tiens doivent s'y retrouver.

QUESTION 3

1. **Le composant principal du cresson** est l'eau (93,1 g dans 100 g de cresson).
   Le composant le moins présent dans le cresson est la vitamine C (0,056 g dans 100 g de cresson).

2. **Énergie reçue si je mange 100 g de cresson :** 71 kJ

3. **Quantité de glucides apportée pour 150 g de cresson :**

   Dans 100 g de cresson → 2,09 g de glucides
   ↓ :2   ↓ :2
   Dans 50 g de cresson → 1,045 g de glucides
   ↓ x3   ↓ x3
   Dans 150 g de cresson → 3,135 g de glucides

4. **Justification :** Le cresson, qui est une plante importante dans la prévention du cancer, est mangé par les tortues. Si les tortues sont en voie de disparition à cause de l'homme, le cresson peut plus facilement proliférer. Nos recherches sur le traitement du cancer ne sont donc pas menacées.

Corrigé

QUESTION 4

1.

	ORGANE RESPIRATOIRE	MILIEU DE VIE	MILIEU DE RESPIRATION
La tortue	Poumons	Terrestre – sur terre	Air
L'escargot	Poumon	Terrestre – sur terre	Air
L'argyronète	Trachées	Aquatique	Air
La grenouille verte	Poumons Peau	Terrestre – sur terre Aquatique	Air Eau
Le martin-pêcheur	Poumons	Terrestre – dans l'air	Air
L'écrevisse	Branchies	Aquatique	Eau
Le lamantin	Poumons	Aquatique	Air
Le dytique	Trachées	Aquatique	Air
La limnée	Poumon	Aquatique	Air

2. Types de respiration pour les animaux à respiration aérienne :
Respiration pulmonaire et respiration trachéenne

3. Types de respiration pour les animaux à respiration aquatique :
Respiration branchiale et respiration cutanée

4. Adaptation des animaux dont le milieu de vie est différent du milieu de respiration ?
Les animaux qui vivent en milieu aquatique et qui respirent dans l'air sont obligés de remonter à la surface de l'eau pour puiser le (di)oxygène indispensable se trouvant dans l'air. Certains font même des réserves hors de leur corps comme l'argyronète.

QUESTION 5

1. Après 24h

Observations :
- Bocal 1 : l'eau de chaux ne se trouble pas.
- Bocal 2 : l'eau de chaux se trouble.

Remarque : L'eau de chaux se trouble en présence de dioxyde de carbone.

Interprétations :
- Bocal 1 : les cailloux ne rejettent pas de dioxyde de carbone.

Remarque : L'air contenu dans le bocal contient un peu de dioxyde de carbone mais pas assez pour que l'on aperçoive le trouble de l'eau de chaux.
- Bocal 2 : les champignons rejettent du dioxyde de carbone.

2. Introduction d'un tison allumé

Observations :
- Bocal 1 : le tison reste allumé.
- Bocal 2 : le tison s'éteint tout de suite.

Interprétations :
- Bocal 1 : les cailloux ne consomment pas de (di)oxygène. Le (di)oxygène est donc toujours présent et permet au tison de continuer à bruler.
- Bocal 2 : les champignons ont consommé le (di)oxygène présent dans l'air du bocal ; ce qui empêche le tison de continuer à bruler.

3. Conclusion :
Les cailloux ne respirent pas. Ils font partie du groupe des non-vivants appelés aussi matières inertes.
Les champignons, par contre, sont des êtres vivants. Ils captent le (di)oxygène et rejettent du dioxyde de carbone : ils respirent !

QUESTION 6

1. Proposition correcte :
- [✓] L'air arrive moins facilement dans les alvéoles.
- [✓] L'entrée d'air dans les bronchioles est plus faible.

2. Légende :
1. trachée
2. poumon
3. bronche
4. alvéole

QUESTION 7

1. Le muscle cardiaque ne se contracte plus car...
Pour se contracter, un muscle a besoin de nutriments et de (di)oxygène. Lorsqu'un muscle n'est plus alimenté en sang, il ne reçoit ni glucose (nutriment) ni (di)oxygène, c'est ce qui se passe lors de l'obstruction de l'artère.

2. Causes de l'apparition des plaques de graisse :
L'apparition de plaques de graisse dans les artères est due à une alimentation mal équilibrée, à un manque d'activité physique, au tabagisme, à un excès de poids, au stress.

Remarque : Si tu as cité la cause alimentaire et au moins une autre de celles proposées ci-dessus, tu as réussi cette question.

Corrigé

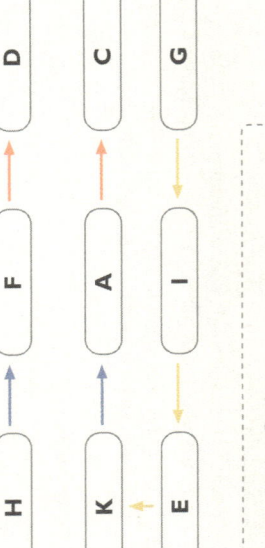

3. **L'angioplastie n'est pas envisageable si …**
   Si les plaques de graisse sont durcies, épaisses, l'angioplastie sera inefficace. Le ballonnet ne pourra pas se gonfler et dilater l'artère.

4. **Pourquoi dans une artère et pas dans une veine ?**
   La paroi des **artères** est élastique et épaisse car elles amènent aux organes (cœur compris) le sang, les nutriments et le (di)oxygène nécessaires à leur fonctionnement. Elles partent du cœur et subissent donc une pression importante.
   Les **veines** ont une paroi fine et flasque puisqu'elles ramènent le sang au cœur après avoir déposé les nutriments et le (di)oxygène aux organes (cœur compris). À ce niveau, le sang ne contient plus que les déchets et le dioxyde de carbone, c'est-à-dire pas de quoi former une plaque de graisse.

QUESTION 8

1. **Étapes de la transformation des aliments maternels en lait pour le bébé :**
   - Les aliments sont digérés c'est-à-dire qu'ils subissent des transformations physiques (broyage, malaxage…) et chimiques (par les sucs digestifs dans la bouche, l'estomac, l'intestin grêle). Il en résulte des particules minuscules : les nutriments.
   - Ces nutriments vont être assimilés : ils traversent la paroi de l'intestin grêle et passent dans le sang.
   - Le sang transporte les nutriments dans les seins de la maman.
   - Dans les seins, des glandes vont transformer les nutriments en lait.

2. **Justification du conseil :**
   La mère doit manger plus, selon la faim ressentie, car son alimentation doit lui permettre de satisfaire l'entièreté de ses besoins énergétiques mais aussi ceux de son bébé. En effet, le lait est le seul aliment du bébé lors de sa naissance : il lui apporte l'eau, les protéines, les graisses et le sucre (lactose) qui sont essentiels à sa croissance.

3. **Justification du conseil :**
   Le lait est composé à 88 % d'eau.

QUESTION 9

Tes 4 critères doivent être dans ceux cités ci-dessous.

CRITÈRES	APPAREIL FÉMININ	APPAREIL MASCULIN
Glandes reproductrices, sexuelles (noms, nombres)	Ovaires (2)	Testicules (2)
Situation des glandes	Intérieur du corps	Extérieur du corps
Gamètes (cellules reproductrices)	Ovule	Spermatozoïdes
Noms des conduits	Trompe ou oviducte, utérus, vagin	Canal déférent ou spermiducte, urètre
Glandes annexes	/	Vésicules séminales et prostate
Organe d'accouplement	Vagin	Pénis
Durée de fonctionnement	De la puberté à la ménopause	De la puberté à la mort

QUESTION 10

1. **Légende des photos :**
   A. testicule
   B. embryon
   C. spermatozoïde
   D. ovule
   F. ovaire
   G. fœtus
   J. œuf
   L. fécondation

2. **Cycle de vie**

H → F → D
↑   ↑
K ← A ← C → J
↑   ↑   ↓
E ← I ← G → B

Légende des flèches :
→ possède
→ produisent
→ fécondation
→ évolution

Énergie

QUESTION 11

1. Deux adaptations de l'oiseau pour conserver sa chaleur corporelle :
- Augmenter le nombre de plumes donc l'épaisseur de l'isolant.
- Emprisonner de l'air dans son plumage.

2. Pourquoi les oiseaux ébouriffent-ils leurs plumes ?
En ébouriffant leurs plumes, notamment le duvet, ils emprisonnent de l'air qui, étant immobile, est un très bon isolant.

3. Utilisation des plumes par l'homme :
L'homme utilise le duvet de certains oiseaux comme les canards, les oies... pour fourrer des manteaux, édredons, couettes...

QUESTION 12

Dans la verticale « D », les ampoules sont associées en : ☑ Série
L'ensemble des 5 verticales sont associées entre elles en : ☑ Parallèle

QUESTION 13

1. Composants de ce circuit : une ampoule, un interrupteur, une pile, des câbles électriques

2. Tableau à compléter :

HYPOTHÈSES	MODES OPÉRATOIRES
La pile est plate, déchargée.	Remplacer la pile par une pile neuve, chargée.
L'interrupteur est ouvert.	Réessayer d'allumer l'ampoule en testant les 2 positions de l'interrupteur.
L'ampoule est dévissée.	Tenter de revisser l'ampoule.
L'ampoule est grillée.	Changer l'ampoule.
L'élément non identifié, caché par le carton est un isolant électrique.	Supprimer cet élément isolant.

QUESTION 14

1. Modélisation de la force de 200 N exercée par le pied sur le sol ainsi que son interaction :

1 cm → 200 N

F du sol/pied = interaction = force réciproque de l'autre donc pas le même point d'application

F du pied/sol

Sol

2. Traduction de ce modèle en phrases grâce aux photographies :
Le bout du pied exerce une force oblique sur le sol (point d'application), vers le bas de 200 N et le sol interagit : il exerce sur le bout du pied (point d'application) une force de même droite d'action (oblique) vers le haut et de même intensité (200 N).

3. Effets de la force exercée par le pied sur le sable :
- Déformation (permanente) de la surface du sable
- Mise en mouvement du sable

4. Effets de la force exercée par le sol sur le pied :
- Mise en mouvement du pied (puis du corps) vers l'avant
- Déformation (temporaire) du bout du pied

5. Justification de la proposition :
On observe un enfoncement (déformation) plus important au niveau des orteils ce qui implique que la force s'est exercée sur une plus petite surface donc il en résulte une pression plus grande.

QUESTION 15

1. Le document 2 illustre le mieux la grandeur physique qu'est le poids.

2. Justification : La femme qui soulève une masse de 8 kg doit exercer une force pour vaincre la force poids exercée par la Terre sur cet haltère. La balance représentée dans le document 1 est, quant à elle, l'instrument de mesure de la masse.

3. Valeur et unité de poids :
Sur le document 2, la force poids de cet haltère est de 8 . 9,81 = 78,48 newtons (N)
Remarque : La balance indique 50 kg qui est l'unité de masse.

S'ENTRAINER AU CE1D EN SCIENCES – ÉDITIONS ERASME | 99

Corrigé

Air, eau et sol

QUESTION 16

1. **Le mélange ramené par Maximilien** est un mélange hétérogène car au moins deux de ses constituants sont visibles à l'œil nu même après agitation. Ici, on voit les coquillages, le sable et l'eau.

2. **Le but recherché par Maximilien** est d'obtenir de l'eau douce à partir de l'eau de mer.

3. **La proposition correcte afin d'aider Maximilien :**
   ☑ Décantation, filtration puis distillation.

   Remarque : Décantation, filtration, triage puis distillation serait correct si on voulait séparer les coquillages du sable, mais ce n'est pas le but de Maximilien.

4. **Justification du rôle de chaque étape :**
   Décantation : permet de préparer la filtration en laissant les particules de sable en suspension se déposer dans le fond du récipient.

   Filtration : permet de récupérer l'eau salée. Le sable et les coquillages sont restés soit dans le berlin, soit dans le filtre.

   Distillation : permet de séparer l'eau du sel qui y était dissous. Le sel reste dans le ballon qui a été chauffé et l'eau douce est récupérée après la distillation : c'est le distillat.

QUESTION 17

1. **Facteur physique qui explique ce phénomène** : la pression atmosphérique

2. **Modélisation :**

   Au décollage / En vol

3. **Justification de la représentation :** En altitude, la pression atmosphérique diminue. La pression à l'intérieur du coussin devient donc plus grande que celle régnant dans l'avion. (Les molécules à l'intérieur du coussin occupent alors un plus grand espace, ce qui provoque une augmentation de volume.)

   Attention, le nombre de molécules reste le même ainsi que leur taille.

4. **Description du coussin à l'atterrissage :** Le coussin sera moins gonflé. Il aura repris le même volume qu'au départ (si l'altitude de l'aéroport d'arrivée est proche de celle de celui de départ).

5. **Autre facteur physique qui provoquerait les mêmes observations :**
   La chaleur : les corps se dilatent (augmentation du volume) lorsque la température augmente. Le coussin laissé en plein soleil l'été va être plus gonflé.

QUESTION 18

1. Évolution de la température d'ébullition de l'eau en fonction de l'altitude

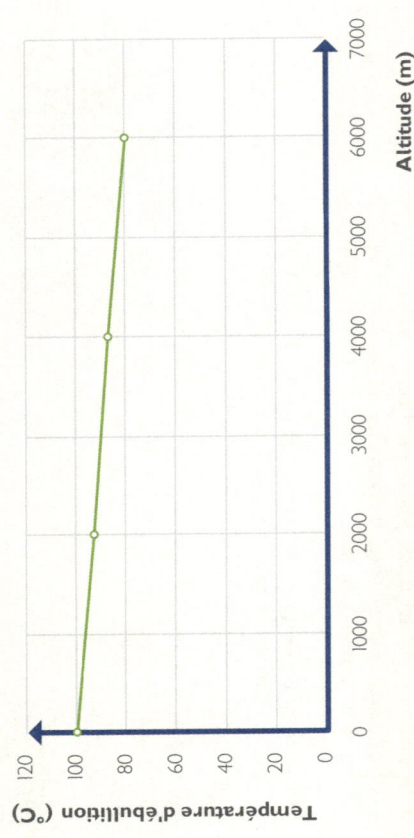

2. La température d'ébullition sera plus élevée au sommet du mont Blanc.

3. **Justification :**
   Plus l'altitude augmente, plus la température d'ébullition diminue (car la pression y est plus faible).

   Remarque : Dans la construction du graphique, la pression n'intervient pas. As-tu été attentif(-ve) lors de la lecture des consignes ?

QUESTION 19

1. **Schémas corrects :**
   Élise et Guillaume ont bien schématisé une étape de l'observation : le glaçon flotte à la surface de l'eau qui est toujours plane et horizontale.

2. **Changements d'état :**
   La fusion du glaçon
   La vaporisation de l'eau

Corrigé

Matière

QUESTION 20

1. **Si la température ambiante est de 20°C, la substance :**
   - A est à l'état gazeux
   (Remarque : il s'agit de l'azote, le principal constituant de l'air en volume)
   - B est à l'état liquide
   (Remarque : il s'agit du mercure, le seul métal liquide à température ordinaire)
   - C est à l'état solide
   (Remarque : il s'agit de l'étain)

2. **Tableau à compléter :**

Graphiques	①	②	③
Lettre de la substance concernée	C	B	A
Nom du changement d'état	La fusion	La condensation (ou liquéfaction)	La vaporisation (ou ébullition)

Dans le tableau, les solutions entre parenthèses seraient acceptées.

<u>Démarche :</u>
- Sur le graphique, il faut repérer le palier de température qui correspond à un changement d'état et ensuite rechercher cette température dans le document 2 afin d'identifier la substance et le nom du changement d'état.
- Pour le graphique 3, les températures de fusion et de vaporisation sont très proches compte tenu de l'échelle choisie. Il faut donc regarder l'évolution de la température après ce changement d'état : elle devient positive si on continue de chauffer, il s'agit donc de la température de vaporisation.

EXPÉRIENCES GUIDÉES

EXPÉRIENCE 1 : LES CÉRÉALES MÉTALLIQUES

1. **Matériel et produits**

MATÉRIEL	PRODUITS
• Un récipient transparent • Un moulin à râper • Un aimant puissant • Un agitateur	• Des céréales (Corn Flakes) • De l'eau

2. **Mode opératoire**
   - Verser de l'eau dans le récipient transparent.
   - Écraser finement les céréales grâce au moulin à râper
   - Verser les céréales réduites en poudre dans l'eau du récipient.
   - Agiter.
   - Approcher l'aimant du récipient et le déplacer sur la paroi de celui-ci.

3. **Observation**
   Des particules noires s'accumulent près de l'aimant et suivent son mouvement.

Nom du phénomène physique observé : séparation des mélanges par aimantation

Explique de façon scientifique le phénomène observé :
L'aimant attire les particules de fer contenues dans les céréales.

EXPÉRIENCE 2 : LA FONTAINE

1. **Matériel et produits**

MATÉRIEL	PRODUITS
• Deux bouteilles identiques en verre • Une bouilloire électrique • Un morceau de carton • Un saladier	• De l'eau froide • Un colorant alimentaire (bleu)

2. **Mode opératoire**
   - Remplir totalement la bouteille A avec de l'eau du robinet.
   - Placer la bouteille B dans le saladier.
   - Verser du colorant alimentaire dans la bouteille B.
   - Faire chauffer de l'eau dans la bouilloire électrique et en remplir la bouteille B.
   - Fermer la bouteille A à l'aide d'un morceau de carton.
   - Retourner la bouteille A et la déposer sur la bouteille B.
   - Enlever délicatement le morceau de carton.

Corrigé

3. **Observation**
L'eau chaude colorée sort de la bouteille telle une fontaine et monte dans l'eau froide en formant un nuage au sommet de la bouteille A.

Nom du phénomène physique observé : la convection

Explique de façon scientifique le phénomène observé :
Grâce à la chaleur apportée à l'eau, l'eau se dilate. Dans l'eau chaude, les molécules d'eau s'écartent, l'eau devient donc plus légère. La masse volumique de l'eau chaude est plus petite que la masse volumique de l'eau froide sortant du robinet. L'eau chaude monte par convection. Le colorant permet de mettre ce mouvement en évidence.

EXPÉRIENCE 3 : LA CANETTE ÉCRASÉE

1. Matériel et produits

MATÉRIEL	PRODUITS
• Un saladier • Une canette • Un bec bunsen • Des allumettes • Une pince	• De l'eau glacée

2. Mode opératoire

- Verser un fond d'eau dans la canette vide.
- Prendre la canette à l'aide d'une pince et chauffer son fond grâce à un bec bunsen.
- Retourner rapidement la canette en plongeant l'ouverture dans l'eau glacée.

3. Schémas

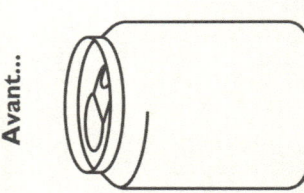

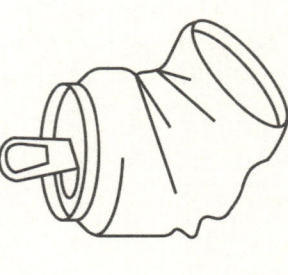

Avant...   Après...

4. **Observation**
La canette s'écrase instantanément.

Nom du phénomène physique observé : l'action de la pression atmosphérique
OU la différence de pressions

Explique de façon scientifique le phénomène observé :
En chauffant l'eau et l'air se trouvant dans la canette, l'eau devient vapeur et cette vapeur et l'air sortent de la canette. Il y a donc moins d'air à l'intérieur de la canette qu'à l'extérieur. En plongeant la canette retournée dans l'eau froide, on refroidit brutalement et on provoque ainsi la contraction des gaz se trouvant à l'intérieur de la canette. La pression à l'intérieur de la canette est donc moindre que la pression atmosphérique. L'air extérieur pousse sur la canette qui s'écrase.

Corrigé

EXPÉRIENCES EN AUTONOMIE

EXPÉRIENCE 4 : LE BALLON RENVERSÉ

1. Matériel et produits

MATÉRIEL	PRODUITS
• Un saladier • Une bouteille en verre • Une bouilloire électrique • Un ballon • Des ciseaux • Un verre	• Eau glacée • Eau du robinet

2. Mode opératoire

- Chauffer de l'eau dans la bouilloire électrique.
- Remplir d'eau très chaude la bouteille en verre jusqu'au bord.
- Laisser la bouteille reposer jusqu'à ce que le verre soit chaud.
- Prendre le ballon et couper l'embout dans lequel on souffle d'habitude.
- Vider l'eau chaude dans un verre.
- Enfiler le ballon sur le goulot de la bouteille et la placer dans le saladier d'eau glacée.

3. Observation

Le ballon rentre progressivement dans la bouteille.

Nom du phénomène physique observé : la pression atmosphérique

Explique de façon scientifique le phénomène observé :

En remplissant la bouteille d'eau chaude, l'eau transmet sa chaleur au verre de la bouteille. En vidant la bouteille, le verre chaud réchauffe l'air à l'intérieur qui se dilate et sort de la bouteille. Il y a donc moins d'air à l'intérieur de la bouteille et la pression y est donc plus faible qu'à l'extérieur où la pression atmosphérique est restée la même.

Lorsque la bouteille est refroidie dans l'eau glacée, l'air à l'intérieur se contracte et l'air extérieur pousse sur le ballon qui rentre alors dans la bouteille.

EXPÉRIENCE 5 : LA LANTERNE VOLANTE

1. Matériel et produits

MATÉRIEL	PRODUITS
• Une lanterne • Un briquet	Aucun

2. Mode opératoire

- À l'extérieur, allumer le bruleur de la lanterne à l'aide du briquet.
- Attendre 2 à 3 minutes puis lâcher la lanterne.

3. Observation

La lanterne se gonfle puis s'envole.

Nom du phénomène physique observé : la convection

Explique de façon scientifique le phénomène observé :

La flamme du bruleur chauffe l'air contenu dans la lanterne. L'air se dilate et devient plus léger que précédemment (sa masse volumique est plus petite). Donc l'air chaud monte et pousse sur les parois de la lanterne. La lanterne s'envole.

EXPÉRIENCE 6 : LA BOUTEILLE DE VERRE COUPÉE EN DEUX

1. Matériel et produits

MATÉRIEL	PRODUITS
• Des ciseaux • Une pelotte de laine épaisse • Un berlin / un verre • Une bouteille en verre vide • Des allumettes • Une bassine	• De l'alcool à bruler à 90° • De l'eau glacée

2. Mode opératoire

- Verser de l'eau glacée dans la bassine.
- Verser un fond d'alcool à bruler dans le berlin.
- Couper un morceau de laine et le plonger totalement dans le berlin de manière à bien l'imbiber d'alcool.
- Récupérer le morceau de laine.
- Enrouler le morceau de laine autour de la bouteille à mi-hauteur en faisant un double nœud bien serré, puis couper les extrémités de la laine.
- Prendre la bouteille par le dessus et enflammer la laine. La laisser bruler jusqu'à ce qu'elle se détache.
- Dès qu'elle se détache, plonger la bouteille dans l'eau glacée.

✓ Corrigé

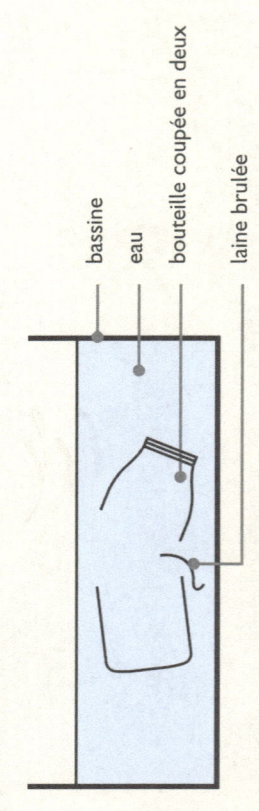

3. **Schématisation**

   - bassine
   - eau
   - bouteille coupée en deux
   - laine brulée

4. **Observation**
   La bouteille en verre se coupe instantanément en deux à l'endroit où la laine était fixée et où elle a brulé.

   Nom du phénomène physique observé : la dilatation/contraction

   Explique de façon scientifique le phénomène observé :
   La ficelle qui brule apporte de la chaleur à la bouteille. Le verre se dilate à l'endroit en contact avec la ficelle, ses molécules s'agitent et s'écartent.
   En plongeant la bouteille dans l'eau froide, le verre se contracte. Ses molécules se rapprochent.
   Il y a apparition d'un choc thermique qui provoque une cassure dans le verre de la bouteille car la dilatation et la contraction n'ont pas été uniformes.